深入理解新发展格局

北京大学习近平新时代中国特色社会主义思想研究院◎编

中央编译出版社
CCTP
Central Compilation & Translation Press

图书在版编目（CIP）数据

深入理解新发展格局 / 北京大学习近平新时代中国特色社会主义思想研究院编 . -- 北京 : 中央编译出版社，2023.6

ISBN 978-7-5117-4425-8

Ⅰ . ①深… Ⅱ . ①北… Ⅲ . ①中国经济—经济发展—文集 Ⅳ . ① F124-53

中国国家版本馆 CIP 数据核字（2023）第 084675 号

深入理解新发展格局

出版统筹 潘　鹏
责任编辑 李媛媛
责任印制 刘　慧
出版发行 中央编译出版社
地　　址 北京市海淀区北四环西路 69 号（100080）
电　　话 （010）55627391（总编室）　（010）55627310（编辑室）
（010）55627320（发行部）　（010）55627377（新技术部）
经　　销 全国新华书店
印　　刷 北京文昌阁彩色印刷有限责任公司
开　　本 880 毫米 ×1230 毫米　1/32
字　　数 160 千字
印　　张 8
版　　次 2023 年 6 月第 1 版
印　　次 2023 年 6 月第 1 次印刷
定　　价 58.00 元

新浪微博： @ 中央编译出版社　　**微　　信：** 中央编译出版社（ID：cctphome）
淘宝店铺： 中央编译出版社直销店（http://shop108367160.taobao.com）（010）55627331

本社常年法律顾问：北京市吴栾赵阎律师事务所律师　闫军　梁勤

目 录

总论

新发展阶段、新发展理念、新发展格局

韩毓海

一、研究、学习经典文献的态度

研究马克思主义经典文献、党的经典文献，应该借鉴中华传统文明的优秀成分。

中国历来有研究经典文献的科学态度，从学术的角度说，这个态度就是“传注疏”——“传”就是讲来源，讲这一文献在历史实践中是怎么发展、创新的；“注”是注释；而“疏”是把这一文献与整个人类知识的发展打通。研究党的经典文献，要与马克思主义的传统打通、统起来，与西方哲学社会科学统起来，与中华传统文明统起来，这就是所谓“传注疏”。

“传注疏”的阅读方式，体现了理论逻辑、历史逻辑、现实逻辑三者的统一，深入研究党的十八大以来的

纲领性文献，需要借鉴这种方法。这里的依据，就是习近平总书记反复强调的，党的十八大以来，党的思想路线中既有宏观思路、指导原则、战略思想，又有具体要求，借用郭沫若先生的话，就是既有“经”也有“权”，“经”就是“常道”，是固化的伦理、准则；“权”则是指“权变”，是对某些礼俗、准则的突破。对于经典文献，不下一番狠功夫，不端正态度，是学不到手的。

更为具体地说，学习经典文献的正确态度是：第一，照着讲，原原本本读原著、学原文，原原本本弄清楚纲领性文献的内容。第二，学着讲，重在悟原理，关键是要弄清楚习近平总书记为什么这样讲，背后的理论支撑是什么，讲话背后的马克思主义和人类文明史的支撑是什么，理论的继承与创新是什么。第三，自己讲，就是结合实际，内化于心，外化于行。

本着这样的学习态度，认真研读《把握新发展阶段，贯彻新发展理念，构建新发展格局》这篇马克思主义中国化经典文献，就会开阔胸襟、增长学问、锻炼本领。学习党的创新理论，首先是端正学习态度，原原本本学习，逐条逐段领悟；其次是在整体把握的前提下抓关键，领会重点和创新点。如果不这样学，就抓不住要害，踩不到点上，落不到实处。

新发展阶段、新发展理念、新发展格局，三者是密切联系的整体，不能离开整体去单独讲某一个面。如若不然，单独的那一面就讲不清楚，这是我们面对重大课题的基本研究态度，也是我们研究的基础与出发点。

正如习近平总书记所指出的那样："进入新发展阶段、贯彻新发展理念、构建新发展格局，是由我国经济社会发展的理论逻辑、历史逻辑、现实逻辑决定的，三者紧密关联。进入新发展阶段明确了我国发展的历史方位，贯彻新发展理念明确了我国现代化建设的指导原则，构建新发展格局明确了我国经济现代化的路径选择。把握新发展阶段是贯彻新发展理念、构建新发展格局的现实依据，贯彻新发展理念为把握新发展阶段、构建新发展格局提供了行动指南，构建新发展格局则是应对新发展阶段机遇和挑战、贯彻新发展理念的战略选择。"①

二、准确把握新发展阶段

新发展阶段，是伟大的理论创新，要把握住理论逻

① 习近平：《把握新发展阶段，贯彻新发展理念，构建新发展格局》，《求是》2021年第9期。

辑，就要运用思想的力量。关于新发展阶段，习近平总书记在讲话中，用了“准确把握”这个定语，我们逐字逐句地学习领会文献，就要从“准确把握”出发。

（一）把握新发展阶段的“边界”

何谓“准确把握”呢？理论必须清晰、准确，首先就是要掌握“边界”。我们用思想去准确把握一个命题，所采用的最基本办法就是前提和判断，而前提和判断就是习近平总书记所说的“边”。这里，习近平总书记首先讲了哲学思考的基本方法，这个思想方法的出发点，是格外需要注意的。

习近平总书记引用毛泽东的话，指出：毛泽东同志说过：“一切事物总是有‘边’的。事物的发展是一个阶段接着一个阶段不断地进行的，每一个阶段也是有‘边’的。不承认‘边’，就是否认质变或部分质变。”①

社会主义初级阶段不是一个静态的、一成不变的、停滞不前的阶段，也不是自发、被动，不用费多大力气，自然而然就可以参与的阶段，而是一个动态的、积

① 习近平：《把握新发展阶段，贯彻新发展理念，构建新发展格局》，《求是》2021 年第 9 期。

极有为的、始终洋溢着蓬勃生机活力的过程，是一个阶梯式的递进，不断发展进步，日益接近质的飞跃的量的积累和发展变化的过程。

“边”，即前提与判断，这是习近平总书记提出的一个基本的思想方法，也是理论工作的基本方法。

我们写文章、讲话也好，思考、讨论问题也好，首先是要有边界。设定边界，也就是明确前提、作出判断，这是我们所说的哲学的基本思考方法。同时，前提和判断也是我们划分历史阶段的依据。

因此，“边界”这个范畴的提出，是理解新发展阶段的第一个理论突破，我们的研究要抓住这个突破，从这里出发。

什么是前提呢？我们的一切工作，要从解决我们所面对的问题出发。问题是时代的口号。问题就是矛盾，解决问题就是解决矛盾。不能把一个阶段的问题与矛盾，当作另外一个阶段的问题与矛盾。旧的问题解决了，新的问题又产生了。在解决问题的过程中，新的矛盾、新的问题随之产生。

我们讲社会主义发展阶段理论，很重要的依据就是列宁提出来的社会主义初级阶段理论，社会主义是共产主义的初级阶段，而我们又处于社会主义初级阶段。但是，我们所谓的社会主义发展阶段，是根据中国的道路、中国的发展经验提出的。一旦我们掌握了马克思主义这个武器，就产生了中国革命的不同历史阶段。同样，正是在全面建设社会主义现代化国家的总过程中，产生了发展的不同历史阶段。

新民主主义革命是中国社会主义道路、中国现代化道路的“前奏”。新民主主义革命时期，我们党通过艰辛探索，逐步认识到：在新民主主义革命这个阶段，必须有与之相适应的基本经济理论。其中，就包括经济过程的四个方面（生产、分配、交换、消费）的平衡与不平衡，而与之对应的，就是关于社会各经济阶层之间的矛盾关系——这就是毛泽东精妙地提出的“四面八方”。

经济的四个方面平衡，政治战线的八方关系，是在新民主主义革命时期形成的思想。这个思想，对于我们今天建设中国特色社会主义经济理论，依然是重要的理论依据。

新中国成立以后，我们经过了一个过渡阶段。过渡时期是一个“边界”，这个阶段形成了党在过渡时期的总路线。对于过渡时期的总路线，今天有些研究者是清楚的，有些研究者是不清楚的，因此在这个地方也需要加一个注，这个过渡时期总路线就是指“一化三改”，核心就是建立社会主义工业化。新中国成立后，第一个30年，我们的任务是推动社会主义工业化。这就存在一个对于农业、手工业、资本主义工商业的社会主义改造问题，在这个改造的过程当中，就有怎么样处理好人民内部矛盾的问题。于是，在探索中国现代化道路过程中，就有了毛泽东的《论十大关系》和《关于正确处理人民内部矛盾的问题》。前者讨论了怎么处理好工业、农业、轻工业之间的不平衡问题，后者讨论了处理好社会各个阶级之间关系的政治路线问题，这是对新民主主义革命时期“八方”（即八个主要经济阶层）的升华。

“改革开放以后，我们党深刻总结世界社会主义特别是我国社会主义建设正反两方面经验，作出我国正处于并将长期处于社会主义初级阶段的重大判断”[①]。习近平总书记用了“判断”这个词，就是为这个时期画了一个边，即准确回答——我们要干什么？我们的边界是什么？改革开放以来，经济工作的核心就是建立社会主义市场经济体制，建立社会主义市场经济理论。坚持四项基本原则、实行改革开放，都凝聚在以经济建设为中

① 习近平：《把握新发展阶段，贯彻新发展理念，构建新发展格局》，《求是》2021年第9期。

心上。

新民主主义革命时期、社会主义革命和建设时期、改革开放与社会主义现代化建设新时期，每个时期的任务都建立在一个科学的前提与判断之上。这些前提与判断，好像一篇大的文章的节目，而它的一个总的题目，总的标题，就是全面建设社会主义现代化国家。

新民主主义革命时期，我们围绕土地所有制提出了革命问题；新中国成立后前30年，我们围绕社会主义工业化提出了发展战略问题；改革开放时期，我们建立了与社会主义初级阶段相适应的社会主义市场经济体制——这些都是社会主义现代化建设的手段，总目标都是全面建设社会主义现代化国家。

不能离开阶段去谈目标。如果一个国家连工业化都没有完成，那就根本谈不上市场化的问题。实际上，全世界很多国家实行了市场经济体制，但因为没有完成工业化，所以没有发展起来。工业化把中国由1949年之前的农业国变成了工业占主体的国家。在这个过程中，我国出现了发展的不平衡、不协调问题，所以运用市场化的办法，通过建立社会主义市场经济体制来解决它。反过来说，正是因为我国完成了工业化，而且随着改革开放取得巨大成就，我们面临着新的任务、新的挑战，这使我们进入新时代，迈向新发展阶段。

今天我们处于什么阶段呢？什么是我们今天要解决的问题呢？通过什么办法解决问题呢？我们今天的重大理论创造是什么呢？

习近平总书记指出："党的十八大以来，我们在前人长期奋斗的基础上统筹推进'五位一体'总体布局、协调推进'四个全面'战略布局，推动党和国家事业取得历史性成就、发生历史性变革，推动中国特色社会主义进入了新时代。"①

新发展阶段的核心，就是"五位一体"总体布局和"四个全面"战略布局。"五位一体"总体布局针对的不仅仅是经济领域的问题，而是全面建设社会主义现代化国家的方略，包括经济、政治、文化、社会、生态文明这五个方面，这是重大的创新和飞跃。

习近平总书记指出："党的十九届五中全会提出，全面建成小康社会、实现第一个百年奋斗目标之后，我们要乘势而上开启全面建设社会主义现代化国家新征程、向第二个百年奋斗目标进军，这标志着我国进入了一个新发展

① 习近平：《把握新发展阶段，贯彻新发展理念，构建新发展格局》，《求是》2021 年第 9 期。

阶段。”[①]

我国现代化的总目标是全面建设社会主义现代化国家。我国现代化既有各国现代化的共同特征，更有基于国情的中国特色，是中国式现代化。正如习近平总书记所说，中国式现代化，是人口规模巨大的现代化，是全体人民共同富裕的现代化，是物质文明和精神文明相协调的现代化，是人与自然和谐共生的现代化，是走和平发展道路的现代化。习近平总书记提出的中国式现代化，与人类历史上其他现代化不同，这是伟大的创造。

在现代化过程和实践中，要掌握好发展的“边界”，比如在政策制定方面，既不能“左”，也不能右，用马克思的话来说，就是我们始终只关注自己能够解决的问题。

举例来说，随着我国建立社会主义市场经济体制，随着经济发展速度的不断提高，产生了一些新的问题。这些问题不是单纯的经济问题，不是单纯的生产力不发展的问题，而是社会安全和稳定的问题。比如，环境严重破坏造成的生态危机，非典、新冠疫情造成的公共卫生安全问题等，都是发展中出现的问题，我们需要解决

① 习近平：《把握新发展阶段，贯彻新发展理念，构建新发展格局》，《求是》2021 年第 9 期。

好。因此，发展中一定要有底线思维。什么是底线呢？底线是不能乱。

习近平总书记指出："当今世界正经历百年未有之大变局。最近一段时间以来，世界最主要的特点就是一个'乱'字，而这个趋势看来会延续下去。这次应对新冠肺炎疫情全球大流行，各国的领导力和制度优越性如何，高下立判。时与势在我们一边，这是我们定力和底气所在，也是我们的决心和信心所在。

"同时，我们必须清醒看到，当前和今后一个时期，虽然我国发展仍然处于重要战略机遇期，但机遇和挑战都有新的发展变化，机遇和挑战之大都前所未有，总体上机遇大于挑战。古人说：'慎易以避难，敬细以远大。'全党必须继续谦虚谨慎、艰苦奋斗，调动一切可以调动的积极因素，团结一切可以团结的力量，全力办好自己的事，锲而不舍实现我们的既定目标。"①

（二）准确把握新发展阶段，关键在于坚持历史唯物主义

提出"新发展阶段"，在方法论上的又一个伟大突

① 习近平：《把握新发展阶段，贯彻新发展理念，构建新发展格局》，《求是》2021年第9期。

破，则在于运用历史唯物主义的方法，突破了古典经济学和新古典经济学以抽象的个人为出发点的假设。理论思维应该从哪里出发？应该从人类社会、人类命运共同体出发，这一点极大地发展了马克思主义的历史唯物主义。

唯物主义与唯心主义的不同，是基本前提与出发点的不同。马克思在《关于费尔巴哈的提纲》中，正是从出发点的差异的角度深刻概括了旧唯物主义与马克思主义唯物主义的基本区别：旧唯物主义的基础是市民社会，新唯物主义的出发点是社会化的人类和人类社会。

习近平总书记抓住了马克思主义这一精髓，创造性地对西方经济学（古典经济学和新古典经济学）进行了阐释与批判。

实际上，早在《对发展社会主义市场经济的再认识》这篇经典文献中，习近平同志就高屋建瓴地指出："传统西方经济学在研究人时，是将人从社会人中抽象出来，使之成为以自然人为基础的'经济人'，也即是处于市场关系中的资本化的经济人。随着资本主义生产和社会的发展，现代西方经济理论逐渐认识到经济人并非是抽象的理性人和孤立的个人，也并非仅仅局限于资本家这样极少部分的人，而是有情感、有利益追求的人，是一个相互联系的人的有机整体，也即是有社会性、组织性、伦理性的社会人和组织人。然而，现代西方经济理论在将作为社会经济活动主体的人开始由宏观抽象的自然人、经济人还原为社会人、组织人的同时，又进入了另一种抽象，即割断人与社会经济活动的外部联系，将其抽象为人的内在属性的一个方面：人的心理和行为动机。例如，新古典主义经济学的代表、当代资本主义经济学奠基人马歇尔就宣称，经济学是‘研究个人和社会活动中与获取和使用物质福利必需品最密切有关的那一部分。’”①

习近平同志的这一深刻论断，是对整个哲学社会科学的总体性判断，是对整个西方现代知识发展历史的批判概括，其核心是指出：西方知识发展的片面在于从个人、从抽象的人出发，而不是从人类共同体出发，西方对于人类共同体的理解，没有超出市民社会。

这一论断涉及是从抽象的个人出发，还是从人类共同体出发，这个问题乃是马克思主义的精髓。

历史唯物主义的基本出发点是什么呢？就是从社会化的人类出发。

① 习近平：《关于社会主义市场经济的理论思考》，福建人民出版社2003年版，第62—63页。

马克思的《政治经济学批判（1857—1858年手稿）》，是从人类共同体出发的。马克思认为，人类归根到底是靠共同体生存的。恩格斯认为，共同体是有机体，对待有机体，彼此采取辩证法的态度，不能采取机械的态度，作为一个有机的共同体——人类社会由政治、经济、文化、社会几个方面组成。经济活动既是一个共同体的社会实践活动，同样也是一个有机体的活动，作为一个有机体、共同体，经济活动的组成方式又包括生产、消费、流通几个方面。其中，生产又包括资本、劳动力、资源、技术几个方面，经济活动只能建立在人类共同体的基础之上，而不能建立在抽象的个人之上。

因此，以马克思主义基本原理指导中国哲学社会科学的发展，就要注意，以前的哲学社会科学的目的是从抽象的个人出发，而我们的目标是人类共同体，是人类社会。我们要建设的是社会主义现代化国家。这是一个总的判断，是最基本的前提，是最根本的边界。

理论思维要从共同体的社会实践出发，在这样的思想照耀之下，才有“五位一体”——统筹经济、政治、文化、社会、生态文明之间的辩证关系。社会主义现代化是管总的，而经济的各个领域、生产的各要素，要紧紧围绕着这个总目标。习近平总书记的这个论断，是对人类哲学社会科学和马克思主义的重大创新。

为什么说“五位一体”总体布局和“四个全面”战略布局是重大的思想理论飞跃呢？因为此前所有的哲学社会科学都是从抽象的人出发的。从抽象的人出发，其采用的“标准”，当然是功利主义的或者是自然主义的——这就是马克思所谓的旧唯物主义，是把感性归结为“个人感觉”的唯物主义，而不是把感性归结为人类的“社会实践”的唯物主义。从社会实践的角度阐释唯物主义，这是马克思在政治经济学批判大纲里提出来的。马克思把人类的社会实践归结为政治、经济、社会、文化四个方面。“五位一体”总体布局的论断，就是在这个维度，对马克思主义的社会实践理论——唯物主义的发展。

“四个全面”，则是对马克思关于“自由人的联合体”——社会主义社会的正义性的阐释。全面从严治党、全面依法治国，是全面建设社会主义现代化国家和全面深化改革的制度保证——换句话来说，就是保证我们的事业是正义的，保证全面建设社会主义现代化国家、全面深化改革的目标是公平正义的。

经济活动的目标和出发点是什么？这是马克思主义

经济学与古典经济学的区别所在，也是习近平经济思想与一般意义上的西方经济学的根本区别所在。

所谓准确把握新发展阶段的理论基础，就是历史唯物论。因此，对于长期研究西方经济学的人来说，特别重要的就是立场转变问题。从西方经济的抽象的人出发，转向马克思主义的有机的社会共同体、社会实践，就是根本的立场转变。这就不仅要求我们深入研究经济领域的各个方面，要求我们研究生产要素的动态分布，更要清醒地认识到，上述研究的前提是什么。关键在于——我们的研究究竟是从抽象的个人出发，从“市民社会”出发，还是从人类共同体、从人类社会出发？

共同体是有机体，一个活的有机体是在矛盾辩证中发展的，矛盾与辩证的表现，是平衡与不平衡的理论，是从社会有机体的视野发现的中国社会运动的基本特征，这构成中国现代经济理论的基础。

三、深入贯彻新发展理念

习近平总书记深刻指出：“我们党领导人民治国理政，很重要的一个方面就是要回答好实现什么样的发展、怎样实现发展这个重大问题。”①

要回答好实现什么样的发展，就必须深入理解“发展”。

我们过去讲发展，前提就是和平。邓小平提出，和平与发展是20世纪的时代主题，他后来又讲：世界和平与发展这两大问题至今一个也没有解决。

和平与发展成为世界主题，形成一个现代化的理念，是20世纪50年代提出来的，在20世纪80年代成为时代潮流。但是，这个理念本身不是一成不变的，因为世界一直在变。

今天的世界处于巨变之中，处于百年未有之大变局，我们提出新发展理念，首先是根据百年未有之大变局作出的判断。这个重大判断，总的来说是一句话：由和平发展走向统筹发展和安全。在百年未有之大变局背景下，必须统筹发展和安全——这是新发展理念提出的时代背景。

我们需要研究考察和平与发展的理念是如何形成的。它是在世界的变化中产生的，是根据20世纪50年代的世界条件提出的，而直到20世纪80年代，和平与

① 习近平：《把握新发展阶段，贯彻新发展理念，构建新发展格局》，《求是》2021年第9期。

发展才成为世界主题。

讲到20世纪后半叶之发展观的形成，有一篇文章很值得阅读，这就是科耶夫在20世纪50年代写的《从欧洲视角看殖民主义》。

科耶夫是欧洲极有影响力的思想家，在人文方面，德里达、福柯等人都是他的学生。古典经济学向新古典经济学转变的思想基础，即古典经济学把人理解为劳动的人、理性的人、经济的人、机械的人，新古典经济学把人理解为心理的人、动机的人、被压抑的人——这样的转变，就是从他开始的。

作为实践者，科耶夫是欧盟的创立者之一，也是联合国发展组织、联合国发展理念的创立者之一——他首倡的发展理念，就是我们说的“和平发展”。科耶夫20世纪40年代提出的《法国国是纲要》构成了戴高乐主义的基础，50年代划时代的作品是《从欧洲视角看殖民主义》。

这篇文章写得不长，但言简意赅，提出了一些非常重要的观点。他概括了马克思对于资本主义的理解。科耶夫认为，“资本主义”这个词在19世纪的时候就形成了，马克思赋予了这个概念一种非常精确同时也带有特殊的经济色彩的含义。马克思通过“资本主义”这个概念所理解的制度，有以下几个方面的特征。

第一，资本主义经济是一种工业化的经济。

第二，在这种制度里面，工业生产方式不属于人口当中从事体力劳动的大多数，而是在政治和经济方面属于领导或者居于领导地位的少数人——直接地说，就是属于所谓的资本家精英。

第三，这套制度被建立起来以后，从事体力劳动的大多数或者无产阶级，完全没有从工业化的技术进步当中——或者也可以说是在韦伯所谓的生产的合理化过程当中——获得任何的利益。

简而言之，马克思把资本主义制度理解为一个零和博弈的模式。在这个过程当中，只有少数的精英、资本家是赢家，大多数人都是输家。

科耶夫认为，马克思对于资本主义的概括是深刻的，不过马克思描述的资本主义是19世纪的情况，马克思的判断基于欧洲19世纪的条件，正是马克思的批判引发的社会革命和社会运动，使得资本主义得以改革，得以纠错，避免了灭亡与崩溃。

科耶夫认为，正是为了避免自身的灭亡，资本主义在20世纪发生了一个重大变化，产生了一种新型的资本主义——福特主义。这种新型的资本主义，简单地说像美国的“福特增长方式”，通过刺激劳动者的消费，使劳动者能够购得他们自己的劳动产品，而很大程度上避免了社会革命与社会斗争。因此，就出现了一种超越原来的零和博弈的资本和劳动的某种程度上的新的发展方式——合作共赢。

科耶夫认为，正是这种不同于19世纪发展的新发展理念，促成了20世纪的发展。他认为，在今天没有哪一个实现了工业化的国家，除了俄国以外，还存在马克思意义上的无产阶级。也就是说，还存在非常贫困的，只能维持生存，而不能享受到任何现代发展好处的人口。在所谓的资本主义国家里，大部分人的物质条件在很大程度上是有所改善的，而不是同等贫困的。比起苏联来说，西欧国家的大部分人民都是富裕的。

那么，马克思主义过时了吗？

科耶夫认为，马克思主义绝没有过时，如果看欧洲和美国的情况，新发展理念避免了资本主义的崩溃，但是如果从全世界范围看，马克思主义所说的那种零和博弈的旧制度、旧理念依然根深蒂固。

他认为，如果人们把现实的世界作为一个整体来看，也就是不仅仅看欧洲和苏联，人们马上就会看到一个马克思的图景，就是人数众多的真正符合马克思定义的无产阶级，依然在全世界和发展中国家存在，并且这个阶级跟某个经济理念有关，也就是说和某种经济体系有关。因此，人们就可以直接说，也存在着一个世界范围内的马克思主义意义上的剩余价值，而这种剩余价值，从总体上来看，只留下了那些独占了工业生产手段的发达国家。

根据马克思的剩余价值理论来观察20世纪的世界，会发现，剩余价值的实现有三种方式：私人投资、国家投资、新殖民主义即跨国公司。

他认为，通过资本主义的概念，我们可以理解19世纪典型的欧洲式的资本主义。也就是说，在这种制度里面，剩余价值是从本国内部抽取出来的，剩余价值也是通过私人来投资的。通过社会主义的概念，通过苏维埃式的社会主义概念，人们可以理解这样一种制度：在这种制度里面，剩余价值和在资本主义制度里面的其实差别不大。也就是说，剩余价值是在本国内部获得的，不过在这里，将这些剩余价值用于投资的乃是国家。

除此之外，还有一种制度就是殖民主义的制度。在这种制度里面，剩余价值的投资不是通过国家，而是通过工业国家的跨国公司。在这里，剩余价值的获得，不是在本国内部，而是在本国外部。

因此，资本主义的基本矛盾在欧美固然缓和了，但是，在世界范围内被激化了。欧美的危机被转嫁为世界的危机。

科耶夫认为，资本主义如果可以改良，改良就应该主动消灭殖民主义，就应该把福特的方式由美国推向全世界，使全世界的无产阶级也能够在经济发展中得到益处。

那么，改良的方式是什么呢？科耶夫认为不是通过阶级斗争，而是通过推动全世界的发展，如果没有世界经济的繁荣，仅仅依靠政治革命的手段，不能真正解决问题。

他这样说：当然是一个政治问题，甚至可能是20世纪独一无二的政治问题。通俗地说，我们不应该把第一世界和第三世界的关系变成一个压迫者和剥削者的关系，而应该变成贫穷的顾客和富裕的顾客的关系。我们不能把一个贫穷的顾客当作坏顾客，如果把世界理解为公司，现在的问题是世界上绝大多数的顾客都是穷人，而这些公司最终是会被淘汰的。

当年，科耶夫这样认为：如果资本主义制度至少是在一种体面的状况下可以发展和维持下去，这就意味着我们的讨论不是空谈，而是有效的。这就意味着那些已经工业化的国家愿意帮助那些欠发达国家，因为这些欠发达国家可以通过一种国际性的投资机构而获得财政的援助，以成为他们将来隐形的客户。而所有人最后毫无例外地可以达成一致，发达国家同意筹集总额为2.5亿美元的资金，然后将它交给所有的欠发达国家去支配。这是联合国目前应该讨论的最重要的问题，也就是所谓《联合国发展计划》。这个计划实现以后，人们也就没有办法再谈论传统意义上的殖民主义问题了。

所以，真正的问题在于，现在的世界秩序需要一个新的集体性的福特。其紧迫性就在于，像当初的旧资本主义制度下所产生出的那些福特一样，我的意思是指这样的一些人，这些人能提高群众的工资。也就是说，只有在出现经济性的理由，而提出生产成本的情况下，才能为自己由一个自己产生出来的群众性的市场而生产，他们没有必要期望其他的理由。

所有这些在我看来，乃是当代世界的律法，或者用一种希腊的词汇来说，这就是西方世界的大地之法。

这是一篇非常有价值的文章。在这里，科耶夫首次提出了发展和共赢的理念，以超越资本主义的零和博弈的体系。这个发展和共赢的理念的前提和目标，就是假定劳动和资本的共赢，正是这样的理念，推动了后来在20世纪80年代开始的资本的全球化。

回顾“发展”理念是从哪里来的，为的是要回答我们今天要往哪里去。从这个角度，我们回过头来看党的十八大以来我们所提出的新的发展观，就会极为深刻地认识到，新发展理念，就是对于这种发展主义的超越。因此，新发展理念，具有全人类的意义，是极为伟大的创造。

我们提出新发展理念，根本上说是因为中国在发展、世界在变化。

习近平总书记指出：“2015年5月29日，在中央政治局集体学习时，我强调要牢固树立安全发展理念。……2019年1月21日，我们专门举办了省部级主要领导干部坚持底线思维着力防范化解重大风险专题研讨班，我在开班式上分析了要防范化解政治、意识形态、经济、对美经贸斗争、科技、社会、对外工作、党自身等8个领域的重大风险并提出了明确要求，强调我们必须始终保持高度警惕，既要高度警惕‘黑天鹅’事件，也要防范‘灰犀牛’事件。”①

① 习近平：《把握新发展阶段，贯彻新发展理念，构建新发展格局》，《求是》2021年第9期。

习近平总书记的论断涉及一个根本问题，即政治与经济的问题，即能不能用经济发展取消政治，以全球共同发展取消全球政治斗争？

让我们再次回到20世纪50年代来讨论这个问题。当时，科耶夫提出和平发展、共赢、资本全球化的理念，在这个过程当中，科耶夫与另外一个欧洲的重要思想家卡尔·施米特进行了讨论，进行了一系列的通信。讨论的问题就在于，人类的冲突和敌对关系，怎么通过经济的合作和增长发展来解决？

卡尔·施米特认为，如果你认为经济问题的解决就等于政治问题的解决，那就意味着政治的消失；如果用发展代替政治，代替安全，那就意味着全球政治的消失。

什么是政治？卡尔·施米特认为，政治首先是指共同体的生存与安全。因此，政治的基础，其实就是毛泽东所说的敌对关系，谁是我们的朋友，谁是我们的敌人，革命的首要问题是政治的首要问题。如果世界的常态是永久和平，那就不需要政治，等于取消了政治。

卡尔·施米特倾向于认为，和平发展，只能是一个全球妥协的议题，而这个全球妥协是建立在敌对关系达到了一触即发的情况下，才能实现。他的意思是：如果没有当时苏联与美国之间互相的核威慑的平衡，特别是——如果没有广阔的第三世界的斗争，特别是阿拉伯解放运动对于油气资源的控制，苏伊士运河的能源危机，甚至——如果没有拉丁美洲的遍地游击队，如果没有毛泽东提出的“三个世界”，西方绝对不会向发展中国家妥协。所以，妥协的前提是“一触即发”，当西方的政治安全受到威胁的时候，他们的穷兵黩武才能受到遏制，短暂的和平才有可能实现。和平是有条件的，是政治斗争的结果，不是经济发展的结果——这是他们讨论没有完结的问题。尽管和平与发展被确立为20世纪人类发展的主题，但是他们讨论提出的问题依然存在。

理解新的发展观的时候，要注意以下三个方面。

第一，要从根本宗旨上把握新发展理念。这个根本宗旨是什么？就是我们要建立社会主义制度。工业化、市场化，只是手段。社会主义社会是指什么？马克思说，共产主义是人类共同体，共同体是什么？它的基础是人民。天地之大，立安为本，人民是我们党执政的最深厚基础，是最大底气，为中国人民谋幸福，为中华民族谋复兴，这既是我们党领导现代化建设的出发点和落脚点，也是共产党人的“根”和“魂”。

我们发展、生存的根本基础是共同体，是社会——

这是马克思主义的根本观点，我们的奋斗目标是建立一个社会主义社会。我们面临的最大的问题在于，如果没有正确的发展道路，盲目地发展，会造成共同体瓦解和分裂。苏联就是这样的例子。苏联取得过辉煌成就，但后来失败了、解体了。其中一个重要原因是苏联共产党脱离了人民，成为一个只顾自身利益的特权官僚集团。这说明，即使是实现了工业化、现代化的国家，如果背离了人民，也会损害现代化成果。

我们发展的目的是什么？是全面建设社会主义现代化国家，绝不是只发展市场经济就可以了。我们依靠这依靠那，归根结底是依靠共同体、依靠人民，这是根本。

第二，要从问题出发，要始终坚持辩证法。从问题出发就是从矛盾出发。今天的矛盾在哪里？一是发展不平衡不充分问题。比如，科技自立自强成为我国生存和发展的基础能力，科学技术存在诸多“卡脖子”问题。二是我国城乡区域发展差距较大。怎么解决这个问题还需要深入研究。现在整个学术体制出现了一些新的问题，那就是脱离中国的现实，没有直面中国的问题。三是能源的问题。我国是能源进口第一大国，我国能源体系高度依赖石化能源，生产生活体系向绿色低碳转型面临很大的压力。面对这些问题，怎么干？只有从破解矛盾、破解问题出发。

第三，要从忧患意识出发，做最坏的打算。我们面临的危机和问题，一是资本危机，有可能资本大进大出；二是粮食危机，我们要端好自己的饭碗；三是公共卫生问题，此方面绝不能松劲；四是失业、就业难问题。这一切的依据，就是我们的奋斗目标是全面建设社会主义现代化国家，我们不能单看那些指标，如果社会共同体没了，一切都是空的。

要正确理解开放，开放不是所谓“我家大门常打开”，随便出入。面对百年未有之大变局，要把安全放在首位，必须借鉴其他国家经验，研究如何设置必要的“玻璃门”，在不同阶段加不同的锁。

新发展理念的核心事实上是以人民为中心，而不是简单地讲共赢、开放、发展，而是把以人民为中心作为出发点。

习近平总书记深刻指出：“2012 年 11 月 15 日，在十八届中央政治局常委同中外记者见面时，我就强调人民对美好生活的向往就是我们的奋斗目标，强调要坚定不移走共同富裕的道路。2015 年 10 月 29 日，在党的十八届五中全会上，我明确提出了坚持以人民为中心的发展思想。2020 年 10 月 29 日，在党的十九届五中全会上，我进一步强调要努力促进全体人民共同富裕取得更为明显的实质性进展。”①

习近平总书记还提出了经济发展进入新常态。

新常态是指什么？是从追求生产力的发展到追求社会的全面发展——这就是新常态。提出了新常态，也就是从强调资本收益、强调 GDP，向强调社会的美好生活转变。我们所谓常态，就是一以贯之、心无旁骛地全面建设社会主义现代化国家。这就是我们的目标，这就是我们一直没有变的长久追求。其余的土地改革、工业革命、市场化等都是手段，不能叫作常态。

在此基础上，习近平总书记进一步阐释了新发展理念的五个方面，指出：“2015 年 10 月，在党的十八届五中全会上，我提出了创新、协调、绿色、开放、共享的发展理念，强调创新发展注重的是解决发展动力问题，协调发展注重的是解决发展不平衡问题，绿色发展注重的是解决人与自然和谐问题，开放发展注重的是解决发展内外联动问题，共享发展注重的是解决社会公平正义问题，强调坚持新发展理念是关系我国发展全局的

① 习近平：《把握新发展阶段，贯彻新发展理念，构建新发展格局》，《求是》2021 年第 9 期。

一场深刻变革。”[①]

习近平总书记的讲话，在对百年未有之大变局作出准确判断的基础上，深刻回答了实现什么样的发展、怎样实现发展的问题。这两个核心要义彼此联系，构成了严密的整体。

四、加快构建新发展格局

在立足中华民族伟大复兴战略全局的基础上，习近平总书记提出了新发展阶段的论断；在对世界面临百年未有之大变局作出准确判断的基础上，习近平总书记深刻阐释了新发展理念；在此基础上，他阐释了第三个问题：加快构建新发展格局。

只有深刻理解中华民族伟大复兴战略全局，深刻领会世界百年未有之大变局，我们才能深入理解新发展格局。

新发展格局是什么？是一个发展阶段的边界，意味着以前的发展阶段结束了。实质上，自 20 世纪 80 年代以来，资本的全球化进程走向终结，资本支配劳动，西方和发展中国家互利共赢的发展模式走到边界了，建立

① 习近平：《把握新发展阶段，贯彻新发展理念，构建新发展格局》，《求是》2021 年第 9 期。

在这个基础上的全球产业链走到边界了，“两头在外、大进大出”的发展模式遇到了严重瓶颈。暂且不论这是好事还是坏事，是机遇还是挑战，首先这是个事实，我们要正视这个事实。共产党人办事，是从事实出发的。

习近平总书记指出：“新冠肺炎疫情期间，我到几个省进行调查研究，深入了解抗疫情况，调研复工复产中出现的问题。我在浙江考察时发现，在疫情冲击下全球产业链供应链发生局部断裂，直接影响到我国国内经济循环。当地不少企业需要的国外原材料进不来、海外人员来不了、货物出不去，不得不停工停产。我感觉到，现在的形势已经很不一样了，大进大出的环境条件已经变化，必须根据新的形势提出引领发展的新思路。所以，去年 4 月，我就提出要建立以国内大循环为主体、国内国际双循环相互促进的新发展格局，党的十九届五中全会对构建新发展格局作出全面部署。这是把握未来发展主动权的战略性布局和先手棋，是新发展阶段要着力推动完成的重大历史任务，也是贯彻新发展理念的重大举措。”①

为什么要提新发展格局呢？这既是基于现实的挑

① 习近平：《把握新发展阶段，贯彻新发展理念，构建新发展格局》，《求是》2021 年第 9 期。

战，也是基于对大局和大势的判断，事实就是 20 世纪 50 年代提出、80 年代落实的发展方式走到边界了。在经济发展模式走到边界的同时，全球政治的挑战出现了。

当年卡尔·施米特提出的问题值得我们思考：经济不能代替全球政治，政治是斗争，斗争是妥协的基础。20 世纪下半叶为什么出现全球妥协？因为全球斗争达到边界了，政治斗争造成了经济妥协。发达国家以经济妥协来换取发展中国家在政治上的某种妥协，结论是——只有在斗争的基础上才能谈得上妥协。所谓妥协，是建立在斗争的物质基础之上的。我们国家之所以能站得住，就是因为我们在世界古老文明中，在发展中国家中，是唯一通过革命战争的胜利，完成了国家独立。没有革命战争的胜利，就没有独立发展的前提。

习近平总书记深刻指出：“毛泽东同志 1936 年的一段话，至今都对我们有启示意义。他说：‘无论处于怎样复杂、严重、惨苦的环境，军事指导者首先需要的是独立自主地组织和使用自己的力量。被敌逼迫到被动地位的事是常有的，重要的是要迅速地恢复主动地位。如果不能恢复到这种地位，下文就是失败。主动地位不是空想的，而是具体的，物质的。’”①

这段话回到了我们的初心。马克思说，革命需要物质基础，需要具体的、物质的基础，军事斗争的胜利是我们一切妥协的前提。试想，如果没有中国人民浴血奋战对抗帝国主义侵略战争胜利，帝国主义会妥协吗？

我们的开放是主动的，不是被动的，前提是帝国主义不得不妥协。这是非常清醒的论断。这就回答了科耶夫当年和卡尔·施米特的那个争论。

什么是把握主动权？习近平总书记指出：“我们只有立足自身，把国内大循环畅通起来，努力炼就百毒不侵、金刚不坏之身，才能任由国际风云变幻，始终充满朝气生存和发展下去，没有任何人能打倒我们、卡死我们！加快构建新发展格局，就是要在各种可以预见和难以预见的狂风暴雨、惊涛骇浪中，增强我们的生存力、竞争力、发展力、持续力，确保中华民族伟大复兴进程不被迟滞甚至中断。”②

辩证法的核心，简而言之，是讲矛盾，更讲矛盾的互相制约、彼此互动。“有无相生，难易相成，长短相

① 习近平：《把握新发展阶段，贯彻新发展理念，构建新发展格局》，《求是》2021年第9期。
② 习近平：《把握新发展阶段，贯彻新发展理念，构建新发展格局》，《求是》2021年第9期。

形，高下相倾，音声相和，前后相随”。自然界、人类社会，都是由各个因素组成的活的有机体，这个有机体之所以是活的，不是死的，是因为有机体的组成部分都是在彼此矛盾、制约之中发展变化着的。

我们学习习近平总书记系列重要讲话，就是要像他那样，把马克思的语言变成中国的语言，把马克思的话变成中国人民所喜闻乐见的话，也就是用中国的头脑思考我们自己的问题，用自己的脚走自己的路，用中国的语言讲好马克思主义真理。

所谓辩证的发展观，换个说法就是——好像人体一样，一个社会有机体的生产力，就是一个社会的血液，如果没有新鲜血液，这个社会就衰落了，靠外面输血，那只是一时之效果。因此，一个社会蓬勃向上，要从固本开始。所谓本，就是新鲜血液，就是培养新的生产方式。

但是，马克思同时告诫我们说，当一个社会的旧的生产力还没有完全耗尽潜力的时候，旧社会的有机体不会自动灭亡，当新的生产力的细胞还没有冲破旧的外壳的时候，新的社会形式不会自动产生。所以，“下猛药”是不行的，“下猛药”可能会把人治死。因此，马克思说，革命者只能解决当前的、自己面对的问题，当前的、自己面对的问题是什么呢？固本。固本，就是从培植新鲜血液开始。

相对于有机体而言，马克思所谓的“胎胞”，就是中华文明所谓的“气”与“血”。

如何从共同体的角度看问题呢？

从共同体的角度说，“五位一体”——经济、政治、文化、社会、生态文明，是一个有机体。

从经济活动这个有机体说，生产、分配、流通、消费，是一个有机体。就生产活动而言，资本、劳动、资源、管理、技术，又是一个有机体。

运用辩证法，是对待有机体的运动的方式。“攻其一点不及其余”，不是对待有机体的态度。

矛盾就是问题，解决矛盾就是解决问题。解决矛盾，不是硬干，“七窍开凿而混沌死”不是辩证法的解决矛盾的办法。辩证法的解决矛盾的方式，是固本固源，是疏通、化解。不从根本入手，不能解决矛盾，或者说不能正确地解决矛盾。而这个本，在马克思主义那里，就是作为一个社会有机体的血液的新的生产力。

因此，习近平总书记深刻指出：“构建新发展格局的关键在于经济循环的畅通无阻，就像人们讲的要调理好统摄全身阴阳气血的任督二脉。经济活动需要各种生产要素的组合在生产、分配、流通、消费各环节有机衔接，从而实现循环流转。”[①]

为什么不能把畅通经济循环理解为畅通物流呢？因为流通这个范畴，最深刻地体现了中华文明的辩证法，体现了马克思主义辩证法。《易经》认为，力量、事物的发展是螺旋式的，旋转着上升，之所以旋转，就是因为彼此制约的运动。欧洲的科学很晚才注意到这一点，欧洲牛顿力学的办法就是直线式的，垂直落体运动。卡皮罗观察到了洗澡水的旋转，而直到19世纪20年代，科里奥利从地球的旋转这种联想中才解释了它，从而解释了洋流、飓风、龙卷风，这就是著名的科里奥利力。

思维不是直线的，而是旋转的，历史的意志不是大多数的平均数，而是像波浪一样，是水流在彼此制约作用下的涌流——这种旋转的思维，在西方就是所谓艺术的思维——尼采所谓“轮回”。而他的这个说法，比较接近于辩证法的螺旋式运动。

人类历史、人类社会发展史，总是在直面矛盾、克服危机中螺旋式前进的。回顾人类社会发展史、中华文明史，从来没有过一马平川的道路，辉煌从来与苦难相

① 习近平：《把握新发展阶段，贯彻新发展理念，构建新发展格局》，《求是》2021年第9期。

伴随，不经历苦难，就没有辉煌，有了苦难，也不见得就能有辉煌。只有历经苦难、曾经实现过辉煌的民族，才能谈得上伟大复兴——这也是辩证法。

党的十八届三中全会提出全面深化改革，这也体现了辩证法。“全面”，首先就是全面地理解马克思主义关于社会发展基本规律的学说，即从生产力与生产关系、经济基础与上层建筑之间彼此矛盾、互相制约的角度去谋篇布局，不能再搞“单打一”。我们要正确决策，就要比较全面地摸透社会各个领域的情况，摸清它们之间互相矛盾、制约的关系，这是我们党的学风，也是工作作风。

对于马克思提出的社会各领域之间彼此矛盾、制约的发展规律，毛泽东在《论十大关系》中作了丰富论述。毛泽东是很讲辩证法的。党的十八届三中全会的决定、习近平总书记系列重要讲话，对此进行了更为丰富的论述。“全面深化改革”的“全面”，是指全面深入地分析社会矛盾的复杂性，是指在实践中，比较全面地揭示出社会各领域之间彼此矛盾、制约的联系，为的是摸索社会发展的矛盾与规律，只有这样，才能实现改革的关联性、系统性和协同性——而这里的关键，就是要掌握马克思主义的世界观和方法论。坚持辩证法，在工作方法上，用经济学的说法，是使交易成本最小化，是把负面因素减到最小，把正面因素增至最大。如果不是努力去“通”，而是一刀切去“堵”，如果不是努力地去维护共同体的活力，而是直接“管”死，那就从根本上违背了辩证法。

“十个指头弹钢琴”，不是说把十个指头罗列在一起，而是说十个指头彼此协调，弹出一个旋律来。

在中华文明中，乐就是“律”，要弹出一个乐章来，就要尊重规律和法则。

习近平总书记对于西方经济学进行了批判阐释，指出：“我国经济发展环境出现了变化，特别是生产要素相对优势出现了变化。劳动力成本在逐步上升，资源环境承载能力达到了瓶颈，旧的生产函数组合方式已经难以持续，科学技术的重要性全面上升。”[①]

什么叫旧的生产函数组合方式？要了解这个术语，还是要回到马克思所说的那四个方面——生产、分配、流通、消费——的平衡与不平衡。在生产里面，有资本、劳动力、自然资源三个方面的最优配置，这就是生产函数组合方式。这是一个量的积累，量的积累达到了

① 习近平：《把握新发展阶段，贯彻新发展理念，构建新发展格局》，《求是》2021年第9期。

一个极限，就需要新的生产方式来克服，就是要靠所谓全要素生产率，那就包括科学技术，包括管理的创新。资本、劳动力、自然资源，是旧生产函数组合方式，加上管理与科技创新，就是新的生产函数组合方式。

可以用简化的柯布－道格拉斯生产函数来更为直观地阐释：

$$Y=A(t)L^{\alpha}K^{\beta}\mu$$

其中，*Y* 是工业总产值，*L* 是劳动力，*K* 是资本。

旧的生产函数就是靠增加人力或者增加资本，增加自然资源的投入，主要是靠量的增长实现总产出的增长。而新的生产函数，主要依靠全要素生产率 *A* 的提升。

在讨论系数 *A* 的时候，西方经济学与马克思主义政治经济学之间有区别。西方主流经济学更强调技术，马克思主义政治经济学更强调制度，但是中国特色是技术加制度。构建新发展格局，关键要靠我们的制度优势，靠科技创新、管理创新。

习近平总书记指出："全面加强对科技创新的部署，集合优势资源，有力有序推进创新攻关的'揭榜挂帅'体制机制，加强创新链和产业链对接，明确路线图、时间表、责任制，适合部门和地方政府牵头的要牵好头，适合企业牵头的政府要全力支持。中央企业等国有企业要勇挑重担、敢打头阵，勇当原创技术的‘策源地’、现代产业链的‘链长’。”①

这是具体部署。央企的主攻方向，是利用制度优势，集中力量进行科技创新——一句话，建立一个支撑科技创新的举国体制。这就是要当“链长”，要当策源地。

关于市场，习近平总书记强调需求侧，强调建立内需体系的重要性：“当今世界，最稀缺的资源是市场。市场资源是我国的巨大优势，必须充分利用和发挥这个优势，不断巩固和增强这个优势，形成构建新发展格局的雄厚支撑。扩大内需并不是应对金融风险和外部冲击的一时之策，也不是要搞大水漫灌，更不是只加大政府投入力度，而是要根据我国经济发展实际情况，建立起扩大内需的有效制度，释放内需潜力，加快培育完整内需体系，加强需求侧管理，扩大居民消费，提升消费层次，使建设超大规模的国内市场成为一个可持续的历史过程。”②

① 习近平：《把握新发展阶段，贯彻新发展理念，构建新发展格局》，《求是》2021年第9期。
② 习近平：《把握新发展阶段，贯彻新发展理念，构建新发展格局》，《求是》2021年第9期。

这部分其实还是讲责任制，讲解放思想，解放生产力。解决创新，实际上就是解放生产力，就要靠制度。科技创新解决“卡脖子”问题，要靠有效的制度才能解决，靠市场的办法解决不了，过去仅依靠市场的办法是行不通的。

关于开放，习近平总书记讲了两个方面：一个方面是关于引进外资，关键在于练好内功，我们只有增强了劳动、技术、质量，才能增加资本对外资的吸引力，才能提高我们在国际产业链当中的比重；另一个方面是关于对外投资，必须把安全放在首位，我国企业的利益已经延伸到全球各个角落，在全球化的过程中要注重了解国际事务。这个调查研究不是国内调查研究，所有的国有大型企业、央企，如中石油、中海油、中石化，在全世界都有分支机构或业务，要注重了解国际事务，深入研究利益攸关国、贸易伙伴国、投资贸易国的情况，做到心中有数，趋利避害。

总体来说，学习研究习近平总书记的这篇重要讲话，要全面、深刻、准确，避免支离破碎。如果专门设一个课题研究新发展理念，专门设一个课题研究新发展格局，专门设一个课题研究新发展阶段，并不能够往深里讲，会导致支离破碎，很难研究出高水平的成果来。

我国目前哲学社会科学体系的基础是什么？就是21世纪马克思主义，尤其是习近平新时代中国特色社会主义思想。马克思主义包括三个部分，一是经济，二是社会，三是方法，即历史唯物主义和唯物辩证法。或者说，一是从经济角度讲生产、流通、交换、投资这些要素的组合，二是讲社会，讲人类共同体。全面建设社会主义现代化国家是总目标，我们要从总体上坚持历史唯物主义和唯物辩证法，加强党的领导。党要在思想上领导，在文化上领导。在推动发展上，党有强大的政治优势、理论优势、制度优势、文化优势。

总而言之，全面建设社会主义现代化国家，是根本，是重点，是总目标。以前我们搞土地改革，搞工业化、市场化，都只是手段。当今世界面临百年未有之大变局，如果社会主义社会散了摊子，一切都谈不上。“五位一体”总体布局和“四个全面”战略布局，就是针对这个重点目标提出来的。

新发展阶段、新发展理念、新发展格局这一系列思想的创新点，就是把我们这个社会的主体、共同体——人民放在发展和生产力的前面，把人民的幸福、国家的安全放在心上，把提高劳动质量、科技创新放在资本的收益前面。简单说，就是把社会全面发展放在经济发展前面。这就是我们把握新发展阶段、贯彻新发展理念、构建新发展格局的关键。

韩毓海，北京大学中文系教授，北京大学习近平新时代中国特色社会主义思想研究院副院长，中国科学社会主义学会副会长

中国发展新阶段

尹 俊

北京大学习近平新时代中国特色社会主义思想研究院院长助理、研究员。曾为北京大学光华管理学院博士、博士后，哈佛大学肯尼迪政府学院访问学者。研究方向包括习近平经济思想、共同富裕、乡村振兴、中国式现代化等。

一、中国式现代化进入新发展阶段

党的十八大以来，中国特色社会主义进入新时代，中国式现代化进入了新发展阶段。为什么说中国式现代化进入了新发展阶段呢？这是一个认识论的问题，需要回到马克思主义经典作家的科学论述。马克思、恩格斯认为，资本主义社会和共产主义社会之间有个过渡时期，共产主义社会第一阶段是资本主义社会向共产主义社会过渡的社会形态。列宁将共产主义社会第一阶段称作社会主义社会，并分为初级形式、发达的、完全的社会主义。毛泽东深刻分析中国国情，认为中国进入社会主义社会之前需要经历新民主主义革命这个历史阶段。在新中国成立之初，毛泽东进一步提出从新民主主义社会进入社会主义社会需要经历一个过渡阶段，并提出了党在过渡时期的总路线。毛泽东还进一步提出，社会主义社会分为两个阶段：不发达的和比较发达的。邓小平深刻总结世界社会主义特别是我国社会主义建设正反两方面经验，认为社会主义本身是共产主义的初级阶段，而中国又处在社会主义的初级阶段，属于不发达的阶段。党的十八大以来，习近平总书记准确把握世情国情党情，作出中国进入新发展阶段的科学判断。新发展阶段依然是社会主义初级阶段的一个阶段，但与以往的阶段有所区别。

从历史依据来看，新发展阶段是我们党带领人民迎来从站起来、富起来到强起来历史性跨越的新阶段。我们党成立后，团结带领人民经过 28 年浴血奋战和顽强奋斗，建立了中华人民共和国，实现了从新民主主义革命到社会主义革命的历史性跨越。新中国成立后，我们党团结带领人民创造性完成社会主义改造，确立社会主义基本制度，大规模开展社会主义经济文化建设，中国人民不仅站起来了，而且站住了、站稳了，实现了从社会主义革命到社会主义建设的历史性跨越。1978 年以后，我们党带领人民进行改革开放新的伟大革命，极大激发广大人民群众的积极性、主动性、创造性，成功开辟了中国特色社会主义道路，使中国大踏步赶上时代，实现了社会主义现代化进程中新的历史性跨越，迎来了中华民族伟大复兴的光明前景。党的十八大以后，我们正在此前发展的基础上续写全面建设社会主义现代化国家新的历史。

就现实依据来讲，我们已经拥有开启新征程、实现新的更高目标的雄厚物质基础。经过新中国成立以来特别是改革开放 40 多年的不懈奋斗，到“十三五”规划收官之时，我国经济实力、科技实力、综合国力和人民生活水平跃上了新的大台阶，成为世界第二大经济体、第一大工业国、第一大货物贸易国、第一大外汇储备国，国内生产总值超过 100 万亿元，人均国内生产总值超过 1 万美元，城镇化率超过 60%，中等收入群体超过 4 亿人。特别是全面建成小康社会取得伟大历史成果，解决困扰中华民族几千年的绝对贫困问题取得历史性成就。这在我国社会主义现代化建设进程中具有里程碑意义，为我国进入新发展阶段、朝着第二个百年奋斗目标进军奠定了坚实基础。[①]

从经济现代化的角度来看，经济新常态是新发展阶段的一个特征。这是因为改革开放以后中国经济实力虽然大幅跃升，但由于一些地方和部门存在片面追求速度

① 参见习近平：《把握新发展阶段，贯彻新发展理念，构建新发展格局》，《求是》2021 年第 9 期。

规模、发展方式粗放等问题，加上 2008 年国际金融危机后世界经济持续低迷影响，经济结构性体制性矛盾不断积累，发展不平衡、不协调、不可持续问题十分突出。因此，进入新时代以来，中国经济已由高速增长阶段转向新常态，最直观的表现是经济总量呈现 L 型增长，而且面临增长速度换挡期、结构调整阵痛期、前期刺激政策消化期“三期叠加”的复杂局面，传统发展模式难以为继。具体而言，经济新常态在许多方面表现出新变化、新挑战、新特点和新优势。从消费需求来看，过去我国是模仿型排浪式消费，现在消费拉开档次，安全性、个性化、多样化消费渐成主流。从投资需求来看，过去投资空间巨大，现在传统产业和房地产投资相对饱和，新基建、新技术、新业态、新商业模式投资机会大量涌现。从出口需求来看，过去主要国家负债，是拉动全球总需求的动力，我国靠低成本比较优势扩大出口，但疫情之前全球去杠杆、全球总需求不振，而且我国比较优势发生变化，因此出口下降，并在新冠疫情的影响下增加了不确定性。从生产能力来看，过去长期处于短缺状态，现在传统产业供给能力大幅超出需求，钢铁、水泥、玻璃等产业的产能已近峰值，房地产出现结构性、区域性过剩，各类开发区、工业园区、新城新区的规划建设总面积超出实际需要，因此产业结构必须优化升级，生产效率和资源配置效率必须提升。从生产要素来看，过去有源源不断的新生劳动力，技术差距大，现在劳动年龄人口达峰，能引进的技术大部分都引进了，需要不断提高人力资本质量，加快技术创新。从市场竞争来看，过去主要靠数量扩张、价格竞争、优惠政策，现在必须转向质量型、差异化竞争。从资源环境来看，过去资源和生态环境空间大，现在资源环境承载能力已达上限。从经济风险来看，过去债务规模小、宏观杠杆率不高，现在债务和金融风险逐步显露。从宏观调控来看，过去总需求增长潜在空间大，实行凯恩斯主义的办法就能有效刺激经济发展，比如建高铁、建高速公路，迅速形成了生产力，同时又满足了大家对出行的需求，而现在刺激政策的边际效果明显递减，产能过剩，刺激政策形成的生产力难以消纳。①

由于中国进入了新发展阶段，经济进入新常态，加上当今世界正经历百年未有之大变局，“灰犀牛”和

① 参见习近平：《论把握新发展阶段、贯彻新发展理念、构建新发展格局》，中央文献出版社 2021 年版，第 29—32 页。

“黑天鹅”事件频发，因此中国必须转变原有的发展方式，必须解决经济结构不合理、资源消耗过多、劳动生产率低下、生态环境遭较大破坏、某些产业和某些产品产能过剩严重的问题，而且不能再以高速增长为目标，避免错过国内调整结构和改革的最佳时机。“十四五”规划不再把 GDP 作为主要指标予以保留，仅将指标值设定为年均增长“保持在合理区间，各年度视情提出”，这是符合新发展阶段和经济新常态的举措。一般来看，政府（包括中央政府和地方各级政府）下达硬性 GDP 增长目标会产生以下四个弊病：一是硬性 GDP 增长目标的制定和下达，往往成为各级政府的压力，它们不顾客观经济形势已经变化，仍为维持既定经济增长目标的实现而竭尽全力，结果导致经济增长质量下降，导致资源浪费和成本上升，并使结构进一步不合理。二是硬性 GDP 增长目标的制定和下达，还将导致产能过剩和政府负债增多，使下一步的经济结构调整更加困难。三是硬性 GDP 增长目标的制定和下达，会迫使宏观经济调控重新走上摇摆不定的老路，使宏观经济调控以微调、预调为主的方针难以兑现。四是硬性 GDP 增长目标的制定和下达，是不符合发挥市场在资源配置中起决定作用的原则的，很容易导致行政干预的强化，导致市场规律的破坏。因此，将 GDP 增长由硬指标改为软指标（如每年或每季度调整预测值），有利于经济较稳定的增长，把经济工作的重心转到调整结构和提高经济增长质量方面来。[①]

这里还需要明确新发展阶段的经济发展红利。红利，是指一个国家或地区在特定发展阶段所具有的发展优势，以及利用这种发展优势所带来的好处。在改革开放以后，中国经济有明显的人口红利、资源红利和改革红利。在新发展阶段，这些红利还继续存在吗？从人口红利来看，改革开放以来，中国因为有廉价的劳动力，所以经济成本比较低，很多商品能够出口到国外。新发展阶段廉价劳动力消失了，比中国劳动力更廉价的是一些东南亚发展中国家的劳动力，如越南、柬埔寨、印度尼西亚，它们发展起来了，承接了产业转移。但中国正在转向技工时代，既比东南亚国家的廉价劳动力有技术，又比发达国家的技工工资低，这就是“新人口红利”。从资源红利来看，新发展阶段中国资源红利

① 参见厉以宁：《论“两个一百年”的奋斗目标和“中国梦”的实现》，《理论学习与探索》2019 年第 6 期。

已经减少，土地资源没有多少了，矿山资源虽然有但比较少，淡水资源几乎没有了。但是，新发展阶段主要的资源不是自然资源，而是智力资源、人才资源、科技资源，这也是当前中国的重要战略，可以称为“新资源红利”。从改革红利来看，改革开放至今，容易改革的部分都改革了，产生了巨大的红利，当前改革进入深水区，虽然是“难啃的硬骨头”，但是只要坚持继续深化改革，不断调整不适应生产力发展的生产关系，一旦改革成功，就可以激发更大的“新改革红利”。[①] 在新发展阶段，中国将跨越中等收入阶段进入高收入阶段，只要充分发挥新的红利优势，就能顺利跨越“中等收入陷阱”，稳步进入高收入水平国家之列。

二、新发展阶段必须坚持高质量发展

中国式现代化进入新发展阶段明确了我国发展的历史方位，那么我们如何推进中国式现代化呢？这是一个方法论的问题，可以归纳为一句话：“高质量发展”。

① 参见厉以宁：《经济与改革：厉以宁文选（2011—2014）》，中国大百科全书出版社 2019 年版，第 199—201 页。

改革开放以来，党提出“发展是硬道理”的科学论断。党的十九大提出“我国经济已由高速增长阶段转向高质量发展阶段”。党的十九届五中全会将高质量发展作为“十四五”时期乃至更长时期经济社会各方面发展的主题。在中国式现代化的新发展阶段，“高质量发展”是我国现代化建设的指导原则和总体思路，可以称为“新时代的硬道理”。

何为高质量发展？从概念看，高质量发展就是从“有没有”转向“好不好”。“好不好”体现在是否贯彻新发展理念，主要体现在：产业体系更加完整，产品和服务质量进一步提高，能够满足人民群众个性化、多样化、不断升级的需求，社会总体的投入产出效率不断提高，分配制度更加体现效率、促进公平，宏观经济循环实现生产、流通、分配、消费各环节循环通畅，国民经济重大比例关系和空间布局合理，经济发展比较平稳等。

从范围看，高质量发展是整个经济社会系统的高质量发展，“不能有短板”。我国坚持以经济建设为中心，在经历了几十年高速增长后，人民日益增长的美好生活需要已不仅包括物质生活方面的更高要求，民主、法治、公平、正义、安全、环境等方面的要求也日益增长，满足人民日益增长的美好生活需求，必须在经济、社会、文化、生态等各领域都体现出高质量发展的要求。

从时间看，高质量发展不是一时一事的要求，而是必须长期坚持的要求。在“十四五”时期乃至更长时期，都务必保持战略定力，坚持高质量发展这一主题，一个五年接着一个五年，在全面建设社会主义现代化国家新征程上砥砺奋进。

从空间看，高质量发展不是只对经济发达地区的要求，而是所有地区都必须贯彻的要求。经济发达地区经历了经济高速发展阶段，需要打破“发展惯性”，通过全面深化改革加快转变经济发展方式，实现高质量发展。经济相对落后的地区要创新思想、因地制宜、扬长补短，结合当地资源禀赋条件，走出适合本地区实际的高质量发展之路。

党的十八大以来，在高质量发展指引下，我国经济发展平衡性、协调性、可持续性明显增强，国内生产总值突破百万亿元大关，人均国内生产总值超过 1 万美元，国家经济实力、科技实力、综合国力跃上新台阶，我国经济迈上更高质量、更有效率、更加公平、更可持续、更为安全的发展之路。在脱贫攻坚方面，我国以更大决心、更精准思路、更有力措施，采取超常举措，实施脱贫攻坚工程。我国坚持精准扶贫，确立不愁吃、不愁穿和义务教育、基本医疗、住房安全有保障工作目标，实行“军令状”式责任制，动员全党全国全社会力量，上下同心、尽锐出战，攻克坚中之坚、解决难中之难，组织实施人类历史上规模最大、力度最强的脱贫攻坚战，形成伟大脱贫攻坚精神。党的十八大以来，全国 832 个贫困县全部摘帽，12.8 万个贫困村全部出列，近 1 亿农村贫困人口实现脱贫，提前 10 年实现联合国 2030 年可持续发展议程减贫目标，历史性地解决了绝对贫困问题，创造了人类减贫史上的奇迹。面对突如其来的新冠疫情，我国坚持统筹疫情防控和经济社会发展，最大限度保护了人民生命安全和身体健康，在全球率先控制住疫情、率先复工复产、率先恢复经济社会发展，抗疫斗争取得重大战略成果。在保障和改善民生方面，我国在收入分配、就业、教育、社会保障、医疗卫生、住房保障等方面推出一系列重大举措，建成世界上规模最大的社会保障体系，10.2 亿人拥有基本养老保险，13.6 亿人拥有基本医疗保险。坚持房子是用来住的、不是用来炒的定位，加快建立多主体供给、多渠道保障、租购并举的住房制度，加大保障房建设投入力度，城乡居民住房条件明显改善。[①]

三、构建新发展格局是高质量发展的战略选择

高质量发展是推进中国式现代化的总体方法论，具体而言，一方面是要加快构建新发展格局，这是高质量发展的战略选择；另一方面是要深入贯彻新发展理念，这是我国高质量发展的行动指南。下面两部分分别进行论述。

党的十九届五中全会提出要加快构建以国内大循环为主体、国内国际双循环相互促进的新发展格局。新发展格局的落脚点是“格局”，定语是“双循环”。所谓“格局”，就是指构建经济长期健康发展的骨架，优化我国经济的基本格局。构建新发展格局，就是要优化经

① 参见《中共中央关于党的百年奋斗重大成就和历史经验的决议》，《人民日报》2021 年 11 月 17 日。

济发展的供需格局、内需格局、消费格局、分配格局、技术格局、生产格局、空间格局、内外格局，重塑经济持续健康发展的内生性引擎。所谓“双循环”，既是指畅通国内生产、分配、流通、消费及其相互之间的循环，也是指通过开放促进国内国际双循环相互促进，而不是封闭的国内单循环。

事实上，长期以来，中国经济一直具有“双循环”的特征，大部分行业的生产都离不开进口，大部分行业都有出口。回顾历史，虽然中国经济具有“双循环”的特征，但各个历史阶段，我国的战略重点还是各有侧重的，具体可以分为四个阶段。

第一个阶段是改革开放前，这一时期以国内循环为主，进出口占国民经济的比重很小。

第二个阶段是改革开放后到2008年之前，这一时期以国外循环为主。改革开放后，我国打开国门，扩大对外贸易，并吸引外资。尤其是加入世界贸易组织后，我国深度参与国际分工，融入国际大循环，形成市场和资源“两头在外”的发展格局，这对我国抓住经济全球化机遇快速提升经济实力、改善人民生活发挥了重要作用。

第三个阶段是2008年国际金融危机爆发之后到党的十八大之前，这一时期国内循环作用上升。面对严重的外部危机冲击，我国把扩大内需作为保持经济平稳较快发展的基本立足点，推动经济发展向内需主导转变，国内循环在我国经济中的作用开始显著上升。

第四个阶段是党的十八大以后，这一时期国内循环占主导地位，逐步构建了国内国际双循环的新发展格局。党的十八大以后，我国坚持实施扩大内需战略，使发展更多依靠内需，特别是消费需求拉动。中国市场和资源“两头在外”的发展模式已经悄然改变，我国对外贸易依存度从2006年峰值的67%下降到2019年的近32%，经常项目顺差占GDP比重由最高时的10%以上降至2020年的1%左右。截至2020年，内需对经济增长的贡献率有7个年份超过100%。

当然，加快构建新发展格局还是国际环境的要求。当今世界正经历百年未有之大变局，资本的逐利性导致美国经济自21世纪以来脱实向虚严重，并在2008年爆发了国际金融危机。为了摆脱国内的矛盾，美国将中国视为头号竞争对手，挑起中美经贸摩擦。国际环境的不确定性冲击了中国产业链安全，传统的“两头在外”模式不可持续，必须加快构建“两个大局”“两个循环”。

基于以上背景，从具体抓手来看，构建新发展格局需要“把握一个基点”，即以扩大内需为战略基点，加快培育完整内需体系；“畅通四大环节”，即打通生产堵点，打通分配堵点，打通流通堵点，打通消费堵点；“实现七大循环”，即生产要素流动循环，供给需求动态适配，实体经济虚拟经济循环，第一二三产业循环，区域经济循环，城乡经济循环，国内国际双循环（国内促进国际循环，国际促进国内循环）。2022 年 3 月 25 日，《中共中央 国务院关于加快建设全国统一大市场的意见》正式发布，进一步明确要求新发展格局的要求是建设全国统一大市场，而不是各地都搞自我小循环。

从具体要求来看，构建新发展格局需要做好以下工作：一是实现科技自立自强，要坚持创新引领发展，坚持问题导向，充分发挥制度优势和市场优势。二是通过深化改革激发发展活力，注重保就业和保市场主体，稳步推进供给侧结构性改革，在合理引导消费、储蓄、投资等方面进行有效制度安排，同时不断扩大中等收入群体，推进共同富裕。三是提升产业链稳定性、竞争力，提高供需体系的韧性，推进更高水平开放，推动“一带一路”建设高质量发展，同时运用好数字技术赋能全局的积极作用。

四、新发展理念是构建新发展格局的行动指南

贯彻新发展理念是在高质量发展中构建新发展格局的行动指南，也是关系我国发展全局的一场深刻变革。新发展理念是指创新、协调、绿色、开放、共享的发展理念，是对我国经济高速发展时期发展理念的超越。

具体而言，创新是引领发展的第一动力，注重解决动力问题；协调是持续健康发展的内在要求，注重解决发展不平衡问题；绿色是永续发展的必要条件，注重解决人与自然和谐共生问题；开放是国家繁荣发展的必由之路，注重解决发展内外联动问题；共享是中国特色社会主义的本质要求，注重解决社会公平正义问题。

（一）创新

在索洛经济增长模型中，经济增长可以由要素（资

本、劳动力）增长和全要素生产率的增长来解释。全要素生产率增长的主要来源是创新，既包括狭义的创新，比如技术创新，也包括广义的创新，如制度创新、文化创新、组织创新等多个方面。

狭义的创新往往会带来广义的创新，人类发展和社会进步的标志性事件往往最先来源于科技创新，科技创新引发工业革命，并对社会变革和文化创新产生积极影响，进而推动了社会进步。回顾历次工业革命的历史，都源于创新。18 世纪 60 年代到 19 世纪 40 年代的第一次工业革命，以蒸汽机的发明和应用为主要标志的产业革命，完成了工场手工业向机器大工业的过渡。19 世纪中期开始的第二次工业革命，以重化工业及交通运输和通信业快速发展为标志。20 世纪中期开始的第三次工业革命，以原子能、电子计算机、空间技术和生物工程的发明和应用为主要标志。还有学者提出世界已经进入以智能工厂、智能生产、智能物流为主题的“工业 4.0”，也就是以人工智能、大数据、云计算、区块链为主要标志的第四次工业革命，以及以绿色革命、能源革命、太空经济、元宇宙为主要标志的第五次工业革命。所有引领工业革命或者把握住工业革命机会的国家，都得益于创新带来的大发展。因此，2008 年诺贝尔经济学奖得主克鲁格曼认为，全要素生产率不是一切，但在长期中近乎一切。

在中国经济高速发展阶段，经济增长主要依靠加大要素的投入，但高质量发展阶段必须将创新作为经济增长的动力。在加入世界贸易组织之前，2000 年中国的全要素生产率大概是美国的三成，到了 2015 年，中国的全要素生产率有了提高，但只达到美国的 45%，还有相当大的提升空间。因此，在新发展阶段，必须将创新作为牵动经济社会发展全局的“牛鼻子”，立足自主创新，坚持开放创新、协同创新，加强基础研发，让创新在全社会蔚然成风，并推动创新成果不断转化为现实生产力。

（二）协调

协调是指在发展中要注重系统观念，注重发展的整体效能。协调发展主要包括产业协调发展、“新四化”协调发展、区域协调发展、城乡协调发展、物质文明和精神文明协调发展、统筹发展与安全等方面。协调发展理念的特点在于，协调既是发展手段又是发展目标，同时还是评价发展的标准和尺度。

在产业协调发展方面，既要注重三大产业的平衡协调发展，也要注重适应产业结构调整的需要，包括关注新兴产业的发展、清洁循环低碳产业的发展，降低高污染、高耗能以及其他高消耗资源的产业比例等。

“新四化”协调发展，是指要注重新型工业化、新型信息化、新型城镇化和农业现代化协调共进。

区域与城乡发展的不平衡既可能来自各个地区自然条件和历史文化因素的影响，也可能来自经济体制带来的问题，因此需要发挥社会主义制度优势、打破体制藩篱，通过深化改革、政策倾斜、结对帮扶、补齐短板、挖掘潜力等方式，解决区域和城乡发展不平衡不协调的问题。

物质文明和精神文明的协调发展需要“两手抓，两手都要硬”，只有二者相互协调才能带来社会和谐红利，这也是最大的制度红利。

党的十九届五中全会首次把统筹发展与安全列入“十四五”时期我国发展的指导思想，也是协调发展的要求。安全是一个系统的概念，主要包括：意识形态斗争、改革进入深水区，拷问着政治安全；增速换挡、转型升级、防范化解重大风险，粮食、能源、战略矿产资源、产业链、基础设施、金融、物流等方面安全和安全生产，考验着经济安全；气候变化、世纪疫情，考量着生态安全；地缘纷争、大国博弈，威胁着国土安全；信息爆炸、网络泄密，挑战着网络安全……因此，需要在发展中树立总体国家安全观，形成集政治安全、国土安全、军事安全、经济安全、文化安全、社会安全、科技安全、信息安全、生态安全、资源安全、核安全、粮食安全等于一体的国家安全体系，应对当下错综复杂的各类发展与安全挑战。

（三）绿色

绿色发展是发展观的一场深刻革命，是永续发展的必要条件和人民对美好生活追求的重要体现，也是潮流所向、大势所趋。

从人类社会发展方式的演变来看，起初都是只重视从自然界索取资源，而不重视环境保护。工业化以前，人类索取资源的数量有限，生存环境总的来说是良好的。工业化以后，逐步出现生态破坏问题。比如燃料问题，浅层煤矿都已采掘完了，为了炼铁和满足居民生活的需要，便大肆砍伐森林，同时运用工业技术挖掘深层的煤矿，后来又有了石油的大规模开采、天然气的使用和核能的开发。在工业化过程中，工厂日益增多，工厂排放的废气、废水、废渣也越来越多。进入20世纪以后，尤其是20世纪中期，接连出现了河流鱼类死亡、田间野鸟死亡、工厂附近居民患病，以及开发沼泽地引起的生态破坏等事件，社会上越来越多的人认识到，如果再年复一年地使环境恶化，使生态遭到破坏，不用说后代子孙无法再在这块土地上生存下去，甚至连这一代人的生存都是问题。于是从20世纪70年代起，环境保护成为各国共同关心的问题，绿色发展也被各国政府提上了议事日程。绿色发展，并非不需要经济增长，而是要处理好持续经济增长同良好生存环境之间的关系。在各国工业化的探索过程中，曾经出现“先污染再治理”的模式和“边污染边治理”的模式，虽然这两种模式都优于以前长时期内存在的“对污染和治理都不闻不问”的做法，但都遭到社会有识之士的反对，因为环境治理是非常艰难的，因此必须把环境保护置于发展的前提，也就是实现“经济低碳化”的发展路径。[1]

具体而言，一是要在工艺设计、新产品设计方面有较大的突破，减少污染物的排放，减少对环境的负面影响；二是要抓紧新能源和新材料的研究开发；三是要大力发展环保产业；四是要运用市场机制加快推进经济的低碳化；五是要加快形成生态文明的社会氛围。[2]

换言之，要坚决摒弃损害甚至破坏生态环境的发展模式，摒弃以牺牲环境换取一时发展的短视做法，要坚持“绿水青山就是金山银山”，通过建立绿色低碳循环经济体系等方式，把生态优势转化为发展优势，在经济发展中促进绿色转型、在绿色转型中实现更大发展。

绿色发展还需要加强全球的合作。中国是国际气候公约的重要支持国家，参与并积极践行《联合国气候变化框架公约》《京都议定书》《巴黎协定》的要求。2020年9月，在第七十五届联合国大会一般性辩论上，我国首次提出要在2030年实现碳达峰、2060年实现碳中和的目标，充分体现了一个负责任的发展中大国的担当。因为按照目前的规划，从碳达峰到碳中和，中国准备用

① 参见厉以宁：《经济与改革：厉以宁文选（2008—2010）》，中国大百科全书出版社2019年版，第217—220页。
② 参见厉以宁、傅帅雄、尹俊编著：《经济低碳化》，江苏人民出版社2014年版，第1—5页。

30 年的时间来实现；而对一般发达国家来说，从碳达峰到碳中和需要花 50 年到 70 年的时间。中国所用的时间比其他国家更短，因此任务也就更重。

为了实现这一目标，中国可谓任重道远，这包括到 2030 年单位 GDP 二氧化碳的排放要比 2005 年下降 65% 以上，单位 GDP 的能源消耗与二氧化碳的排放也要分别下降 13.5% 和 18%。尽管如此，绿色转型是一个过程，不能一蹴而就，不可能毕其功于一役，要坚持全国统筹、节约优先、双轮驱动、内外畅通、防范风险的原则，并要注意防范以下几个误区：一是减碳不能影响经济增长，否则难以完成减碳任务。二是减碳不能影响能源安全，尤其是要确保民生用能。三是减碳不是能源消费达峰，更不是电力消费达峰，可以新增可再生能源和原料用能。

（四）开放

马克思、恩格斯认为，各民族的原始封闭状态由于日益完善的生产方式、交往以及因交往而自然形成的不同民族之间的分工消灭得越是彻底，历史也就越是成为世界历史。因此，开放是一个国家经济长期发展的必由之路。但对于社会主义国家而言，在不同时期应该如何处理好对外开放与自身独立的关系，也经历了漫长的探索。从世界现代化历史来看，非原生的资本主义国家，许多是先成为殖民地，之后再成为资本主义国家，这些后发展的国家在现代化过程中不得不依附资本主义世界体系，也被称为“中心—边缘”体系，后发展的国家处于被剥削的地位。社会主义国家的现代化是否一定需要经历资本主义的阶段（也被称为“卡夫丁峡谷”），并依附资本主义世界体系取得发展呢？马克思认为，可以不通过资本主义制度的“卡夫丁峡谷”，而吸取资本主义制度所取得的一切肯定成果。苏联通过创造性的实践证明了马克思的设想，主要就是将世界体系分为资本主义阵营和社会主义阵营，实现了自身不依附资本主义世界体系取得工业化的成果，突破了后工业化国家依附性发展的路径，在欠发达的经济基础上进行了工业化和现代化，并保持了自身独立性。

我国在苏联模式的基础上再次进行了创造性发展。在改革开放前，确保自身独立性，不依附资本主义世界体系，初步建立了比较完善的工业体系。改革开放后，我国在独立的、比较完善的工业体系基础上，利用了资本主义世界体系，尤其是加入世贸组织后，抓住经济全球化带来的机遇，不断扩大对外开放，实现了经济高速发展。我国的创新之处在于，打破了意识形态偏见，强调既要保持自身独立性，也可以利用资本主义世界体系实现现代化发展，既保持了独立自主的现代化发展模式，也保持了科学处理与资本主义世界体系关系的开放性，因此也给其他国家树立了新的榜样。

进入新时代，面对百年未有之大变局，党中央提出加快形成以国内大循环为主体、国内国际双循环相互促进的新发展格局，一方面可以通过畅通国内大循环推动国内经济发展，带动全球经济复苏；另一方面通过持续深化商品和要素流动型开放，稳步拓展规则、规制、管理、标准等制度型开放，进一步提升对外开放的质量和水平，促进高质量发展。新发展格局充分体现了发展内外联动性的辩证统一，是中国对外开放发展的新阶段。

（五）共享

按照马克思、恩格斯的构想，共产主义社会将彻底消除阶级之间、城乡之间、脑力劳动和体力劳动之间的对立和差别，各尽所能、按需分配，真正实现社会共享、实现每个人自由而全面的发展。共享发展就是坚持发展为了人民、发展依靠人民、发展成果由人民共享，通过全民共享、全面共享、共建共享、渐进共享，使全体人民有更多获得感、幸福感、安全感，朝着共同富裕方向稳步前进，这也是社会主义的根本要求。

马克思主义政治经济学认为，生产决定分配，分配反作用于生产。因此，从实践路径来看，共享发展首先要通过全国人民共同奋斗把“蛋糕”做大做好，然后通过合理的制度安排把“蛋糕”切好分好，这是一个长期的历史过程。因此，实现共享发展和共同富裕，不是要改变经过改革开放伟大实践建立起来的社会主义基本经济制度，不是要改变改革开放以来形成的、经实践检验证明有效的方针政策，如以经济建设为中心，一部分人和一部分地区先富起来，先富帮后富等，而是要坚持将发展作为长期的根本任务。但同时要加快对分配制度的改革，加快推进财税、金融、垄断行业、国资国企、土地制度、户籍制度等改革，消除因所有制歧视、行政性垄断和不公平竞争带来的要素报酬与其贡献偏离，缩小因获得要素机会不同造成的收入差距，缩小因政策或市场准入不同造成的行业间收入差距，缩小因编制内外、体制内外、户籍不同带来的劳动报酬差距等。

在社会主义市场经济体制下实现共享发展，需要科学把握资本的特性和规律。资本不是资本主义的专属物，建设社会主义市场经济，也必须有资本。资本的本性是逐利，无论国有资本、民间资本、社会资本，都是要逐利的，这是资本的行为规律。资本的行为规律，既有促进发展、提高效率的积极作用，也容易带来垄断、恶性竞争、两极分化等消极作用。因此需要为资本设置“红绿灯”，依法加强对资本的有效监管，发挥其积极作用，有效控制消极作用，支持和引导资本规范健康发展，防止资本野蛮生长，但绝不是限制民营企业等非公有制经济发展。

实现共享发展还需要关注弱势群体的发展和保障问题。中国当前已经建成了包括养老、社会救助、医疗等在内的世界上最大的社会保障体系。在社会保障方面需要鼓励制度创新。比如广东建立了“时间银行”机制，鼓励让 60—69 岁的低龄老年人先去照顾高龄或特殊老人，照料的时间可以累积起来，等他年纪大或有需要的时候，就可以用这个时间兑换下一批低龄老年人来照顾他。这是共享发展的一种创新制度探索。

促进就业是实现共享发展的重要路径。促进就业，既要注意防止总量性失业，也要注意防止结构性失业，即劳动力供给和企业需求不匹配的失业，一方面企业招不到合适的人，另一方面人们找不到工作。缓解总量性失业，需要保持合理的经济增长，但美国经济学家奥肯认为经济增长和就业增长是不对称的，即不是同时发生的，这也被称为“奥肯定律”，因此还需要大力发展民营企业、鼓励企业迁移到失业率较高的地区等其他因素的配合。缓解结构性失业，一是要加强职业技术培训；二是要鼓励知识技术密集型企业、资本密集型企业、劳动密集型企业并重；三是要鼓励企业向合适地区转移，在产业转移过程中实现区域协调发展、产业升级和解决就业问题；四是要鼓励城乡居民自行创业，发挥他们的积极性和专长；五是要鼓励灵活性就业，以此作为缓冲剂。

共享发展的最终目标是实现共同富裕。但应当认识到，首先，共同富裕是生产力有较大发展条件下的产物，它不可能同低生产力水平并存。假定经济发展程度低下，那么无论以何种方式进行分配，也无法实现共同富裕，更可能面临的是共同贫困。其次，事物发展的不平衡是普遍规律。由于历史的原因，由于各地区资源分布的不均匀，以及由于各个生产单位和各个劳动者之间内部条件与外部条件的差异，同步富裕是不现实的。共同富裕不等于同步富裕，共同富裕是一个过程，只能逐步实现。最后，让一部分人和一部分地区先富起来，是指通过诚实劳动和合法经营而致富，而不能通过投机或者违法犯罪的形式。①

在新发展阶段，要将高质量发展和促进共同富裕统一起来，正确处理效率和公平的关系，构建初次分配、再分配、三次分配协调配套的基础性制度安排，加大税收、社保、转移支付等调节力度并提高精准性，扩大中等收入群体比重，增加低收入群体收入，合理调节高收入，取缔非法收入，形成中间大、两头小的橄榄型分配结构，促进社会公平正义，促进人的全面发展，使全体人民朝着共同富裕目标扎实迈进。②

---

① 参见厉以宁:《厉以宁改革论集》，中国发展出版社 2008 年版，第 72—75 页。

② 参见习近平:《扎实推动共同富裕》,《求是》2021 年第 20 期。

双循环与新发展格局

鄢一龙

清华大学国情研究院副院长、清华大学公共管理学院副教授、清华大学国家治理与全球治理研究院副研究员。长期从事国家规划、中国道路与制度模式研究，探索中国学术话语构建，建言国家中长期发展战略。

2020年，中共中央首次提出“构建以国内大循环为主体、国内国际双循环相互促进的新发展格局”。2022年10月，党的二十大报告明确提出，要加快构建以国内大循环为主体、国内国际双循环相互促进的新发展格局。

一、内循环为主的经济传统

（一）“内向爆炸”的传统经济

中华文明是一个内向化发展的文明，不同于西方在地中海盆地孕育出来的海洋文明，中华文明是在一个内陆发展起来的大陆文明，辛勤的农业耕种是中国养活不断增长的人口的主要途径，费正清将中国这种不同于西方的发展模式称为“内向爆炸”。[①]

---

① 参见［美］费正清：《伟大的中国革命（1800—1985年）》，刘尊棋译，世界知识出版社2000年版，第1—15页。

中国几千年传统经济总体上都是内循环为主的经济体系，中国早在2000多年前就已经实现了政治上的大一统，又由于地域辽阔、人口众多、物产丰富，完全可以构成一个自我循环的生产体系与内部市场，而外部的朝贡与贸易只是这一内循环体系的补充。

与世界其他国家相比，中国传统内循环经济发展到相当高的水平，一个有力证明就是世界上最早的纸币出现在中国。中国在唐宪宗年间，就开始使用“飞钱”。“商贾至京师，委钱诸道进奏院及诸军诸使富家，以轻装趋四方，合券乃取之，号飞钱。”[①] 纸质“飞钱”省去了长途贸易中金属货币远途流转的不便，但还不是纸币，而是异地汇兑的信用凭证。北宋时期发源于四川的“交子”，原先也是民间的异地兑现票据，后来民间“私以交子为市”，具有了以民间信用为基础的货币功能，最后收由国家发行“官交子”，以国家信用为基础，成为世界上最早的纸币与信用货币。[②] 这比欧洲开始使用纸币早了600多年。13世纪，马可·波罗到中国旅行时第一次看到了纸币，并为之震惊，称其为“炼

① 《新唐书·食货志》。
② 参见戴志强：《有关北宋交子的几个问题》，《中国钱币》2006年第3期。

金术”，马可·波罗的记载对于西方世界产生了深远的影响。诺贝尔经济学奖获得者科斯说，他就是从《马可·波罗游记》中了解到，中国使用纸币远远早于西方，这些记录使他认识到早在西方世界崛起之前，中国就曾取得过巨大的成就。

中国内循环为主的传统经济发展达到相当水平。据有关研究估计，在 19 世纪之前，中国人口预期寿命普遍高于西北欧同类人群。18 世纪中国成年人人均摄入热量为 2500 千卡左右，远高于布罗代尔对于欧洲“大城市民众”的估计。①

农业是整个经济的基础，历代统治者都以重农劝耕作为治国之本，农村是生产中心，城市是手工业和商业中心，在生产能力足够后才进行对外贸易，这种农业、制造业、贸易的财富增长方式被亚当·斯密称为“自然的增长方式”。对外贸易是和朝贡体系结合在一起的，原本就是对于国际政治和内循环经济的补充。1793 年乾隆拒绝英王乔治三世提出贸易请求的回诏说：“天朝抚有四海……奇珍异宝，并不贵重……万国来王，种种贵重

① 参见［美］彭慕兰：《大分流：欧洲、中国及现代世界经济的发展》，史建云译，江苏人民出版社 2003 年版，第 33—35 页。

之物，梯航毕集，无所不有。”并提出要对英王额外赏赐，以回报其派遣使团远道而来祝寿的诚意。[①] 其实这并非只是颟顸自大之语，所体现的不过是当时中国内自足、外怀柔的历史常态。乾隆君臣没有意识到的是，数千年未有之大变局已经在遥远的西方发生，他们所熟悉的朝贡体系正被另一个他们所不熟悉的新世界体系所取代。

中国内循环为主的传统经济与欧洲许多国家外向化的发展方式很不同，亚当·斯密说财富发展的自然顺序在许多欧洲国家颠倒了，在欧洲某些城市中、在对外商贸中采用精细的制造业，而制造业和对外商贸一起，实现了对于农业的主要改良。罗马帝国衰落后，欧洲的农业发展受到抑制，而城市可以借助与遥远地方贸易变得富裕，并让自身的制造业发展起来，同时反过来又推动了乡村的改良。而地理大发现以来，世界日益变成一个整体，欧洲开始通过大规模海外殖民、海外扩张，从海外掠夺各种资源，开辟新的国际贸易航路，从而创造了一个新的世界经济体系，促进了本国工业革命的蓬勃发展。

中华传统内循环经济发展模式，将生存的基点放在自

① 参见［法］阿兰·佩雷菲特:《停滞的帝国：两个世界的撞击》，王国卿等译，生活·读书·新知三联书店 1993 年版，第 250 页。

身农业发展上，不依靠对外掠夺，使得中国农耕文明更为和平，也使得中华文明更有韧性。同时，中国的经济发展也出现了黄宗智所说的“内卷化”问题。中国的传统农业总体上是通过精耕细作实现农业的自给自足的，农业生产率在一定水平上长期处于均衡状态，农业产量的提高为人口增长所抵消。根据吴慧的研究，2000 多年来我国土地生产率是缓慢地上升的，在清代中叶达到高峰，粮食亩产量达到了 367 斤，与战国末期相比只上升了近 70%。清代中叶以后中国人口大幅度增长，是通过开荒耕种来养活更多的人口，劳动生产率几乎没有提高。（见图 1）

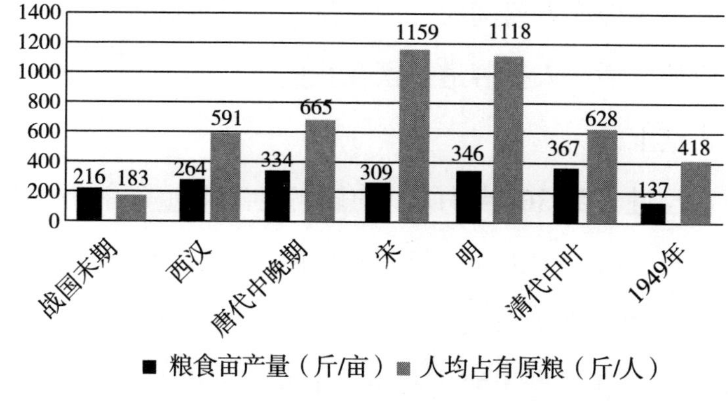

图 1　中国历史上粮食生产率变化

资料来源：吴慧：《中国历代粮食亩产研究》，农业出版社 1985 年版，第 194—195 页。国家统计局：1981 年《中国统计年鉴》

（二）独立完整的内循环经济体系建设

新中国成立以来，在面对西方经济封锁以及后来中苏交恶后在国际上孤立的局面，中国发展出独立自主搞经济建设的传统，形成了独立完整的内循环经济体系。

新中国成立初期，中国工业的基本状况就如同毛泽东所说的“一辆汽车、一架飞机、一辆坦克、一辆拖拉机都不能造”[①]，当时中国的工业生产方式是非常落后的。赫鲁晓夫津津乐道的一个故事是，新中国成立初期，苏联代表团在中国旅行的时候，看到了全靠人力、没有机械化的土石方简陋施工方式，中国人排列成行站在那里，用手传递着盛满泥土的箩筐。这时苏联代表团一个爱说俏皮话的人挖苦道：摆在我们眼前的是一台中国步行式挖土机。

经过不到 30 年时间，中国各种工业生产能力大幅度提升，由一个工业上异常落后的国家成为工业门类齐全、各种工业品都具有较强生产能力的国家。生产资料、工业品产量大幅度提升，1980 年原煤、原油、发电量、粗钢、水泥的产量分别为 1949 年的 19 倍、883

① 《毛泽东文集》第 6 卷，人民出版社 1999 年版，第 329 页。

倍、70倍、232倍和121倍。同时，各种现代的轻重工业品都能生产，到1980年我国年生产彩电3.2万台，空调1.3万台，洗衣机24.5万台，电冰箱4.9万台。[①]

中国的工业体系结构变得更加现代。1952年中国工业主要是传统工业，纺织工业、食品工业占据了半壁江山，而到1984年，“现代工业”的比重已经达到了六成。1980年，世界银行考察中国经济发展情况的代表团在报告中写道：“几乎整个现代工业体系已经建成……虽然在许多方面中国的产业结构仍然与其他发展中国家类似，但其机械和冶金产品的比重并不比工业化的市场经济体小多少。”[②]

中国将工业化重心放在重工业与生产资料上，使得中国的工业体系具有强健的筋骨。1980年重工业产值占工业总产值比重达到了52.8%，比1952年提高了17.3%，资源勘探事业也得到了很大发展，从无到有建立了国防工业。（见图2）

① 参见国家统计局国民经济综合统计司编：《新中国五十五年统计资料汇编》，中国统计出版社2005年版，第50—51页。

② World Bank, *China: Socialist Economic Development*, Vol. 1., The Economy, Statistical system, and Basic Data(Washington, DC: World Bank, 1983), p. 12.

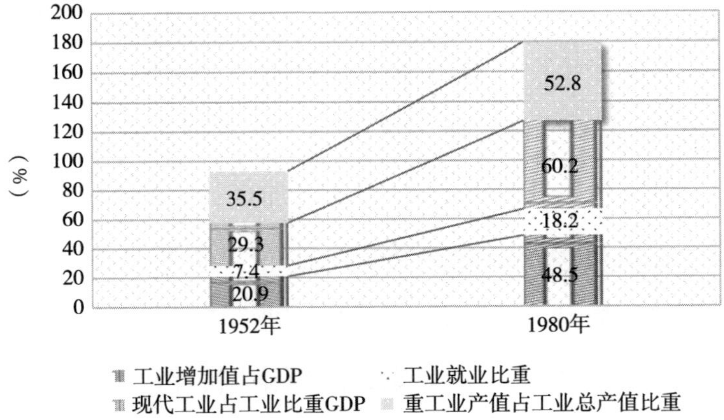

图 2　1952 年与 1980 年国民经济工业化程度比较

资料来源：国家统计局国民经济综合统计司编：《新中国五十五年统计资料汇编》；《中国工业经济统计年鉴 2012》。现代工业占比是指机械工业、化学工业、石油、冶金、电力、建筑材料、煤炭及炼焦工业产值占工业总产值的比重，数据来源于王绍光的“国企与工业化，1949—2019”讲座

中国建立起了工业化的基础设施体系，公路、铁路、输油管道等基础设施都得到了很大的发展。同时，通过调整产业布局，将原来集中在沿海少数城市的工业化延伸到中国广阔的内地。

建设时期的中国经济内循环体系，不但是整个国内的大循环，出于备战需要，我们还提出各区域推动形成内循环体系。“四五”计划提出要形成区域协作大循环，将全国划分成10个经济协作区，建立各有特点、不同水平、工业农业协调发展的经济体系，要求做到各自为政、大力协同。[①]

二战后苏联主导建立了一个社会主义国家的经济大循环，形成社会主义国家内部的产业分工体系，认为通过这个体系，社会主义国家能够取长补短，可以集中力量发展自身优势产业，购买到自身不生产的产品，从而实现工业发展的“专业化和协作化”，[②]并成立了社会主义国家的经济互助委员会（经互会），来协调社会主义各国的经济合作、产业分工和贸易关系。我国领导人从我国国情条件出发，认为我国是独立自主的大国，资源丰富，人口众多，需要也能够形成一个独立完整的工业体系和国民经济体系，并没有加入这一经济大循环体系，只是作为经互会的观察员国，并未成为经互会成员国，从而保证自身经济发展的独立自主性。这一决策在今天看来，更是显示出其深远意义。

独立完整的工业体系与国民经济体系是改革开放后中国能够实现非依附性发展的基础，是中国能够成

① 参见刘国光主编：《中国十个五年计划研究报告》，人民出版社2006年版，第310页。

② 参见苏联科学院经济研究所编：《政治经济学教科书》上册，中共中央马克思恩格斯列宁斯大林著作编译局译，人民出版社1955年版，第659页。

长为世界工厂的基础，也是今天我们能够构建国内大循环为主体的经济体制的基础。而一些前社会主义国家，按照社会主义国家阵营内部的工业化分工，在苏联解体后，它们的工业化基础也被摧毁，经济发展遇到了极大的困难。例如，白俄罗斯在苏联时期是个工业发达的国家，工业总产值占社会总产值的 60% 以上，有 100 多个工业部门、1500 个大型工厂企业。但是随着苏联解体，基于苏联分工的畸形产业结构弱点也暴露出来，工业中军工比重达到了 55%，随后工业连续 5 年衰退，工业产值下降了 40%。[①]

二、积极参与国际大循环

（一）参与国际循环 1.0：资源品输出地

历史上中国曾经一度是世界上重要的制成品出口中心，西方学者弗兰克认为：明代中国实际上垄断着全球瓷器市场，80% 的瓷器出口是输往亚洲的，其中 20%

① 参见农雪梅、李允华编著：《列国志 · 白俄罗斯》，社会科学文献出版社 2010 年版，第 94 — 95 页。

输往日本。输往欧洲的瓷器在数量上仅占 16%，但都是优质产品，其价值高达中国瓷器出口总额的 50%。[①] 制成品出口的顺差，同时推动了来自美洲的白银流入中国。当然，随着西方国家工业革命的发生，中国制造业逐渐落伍了，成为一个主要输出自然资源品的国家。

近代以来，中国主要是以自然资源品出口国加入世界贸易循环中的。1871 年，丝与茶占总出口的 92%，到 20 世纪初，中国出口的大部分仍然是自然资源品，新的主要出口商品是大豆和大豆制品，出口到日本的铁矿石和煤炭，以及日本在华棉纱厂运往日本的棉纱。[②]

孙中山曾经在他的《实业计划》中提出一个宏伟的中国开发建设计划，并邀请欧美强国投资中国。但是西方国家对于建设中国本身并不感兴趣，它们只是对中国丰富的矿产资源与庞大市场虎视眈眈罢了。

社会主义建设时期，虽然中国已经逐步具有较为完善的工业生产体系，但是参与国际循环能力仍然比较弱，1950 年进出口总额仅 11.3 亿美元，而到 1978 年也

① 参见［德］贡德·弗兰克：《白银资本：重视经济全球化中的东方》，刘北成译，中央编译出版社 2013 年版，第 105 页。
② 参见［美］费正清编：《剑桥中华民国史（1912 — 1949 年）》上卷，杨品泉等译，中国社会科学出版社 1994 年版，第 122 — 123 页。

只有 148 亿美元，其中出口额只有 76 亿美元。[①] 中国参与国际循环主要是依靠资源品。苏联曾经对中国提出两个要求，其一是要在中国建立一个橡胶生产基地，后来毛泽东同意在海南建立这样一个基地；其二就是从中国引入劳动力人口参与西伯利亚的开发，这个要求被毛泽东拒绝了。可以看出当时中国在苏联眼中的地位就是一个资源输出地。[②] 到 1980 年，中国出口商品中仍有一半是初级产品。[③] 在 1995 年之前，中国仍然是一个资源输出国，初级产品的出口额大于进口额。（见图 3）

在国际循环的 1.0 版本中，中国在对外输出资源品的同时，也引进外部技术和设备。社会主义建设初期，我国从苏联引入的 156 个项目，成为我国“一五”计划工业化的骨干，[④] 为新中国工业化打了一个底子。20 世纪 70 年代，随着国际形势的变化，1973 年我国提出，在今后三五年内引进 43 亿美元的成套设备，其中包括

① 参见国家统计局国民经济综合统计司编：《新中国五十五年统计资料汇编》，中国统计出版社 2005 年版，第 68 页。
② 参见［俄］尼基塔·谢·赫鲁晓夫：《赫鲁晓夫回忆录》，述弢等译，社会科学文献出版社 2006 年版，第 2277 页。
③ 参见国家统计局国民经济综合统计司编：《新中国五十五年统计资料汇编》，中国统计出版社 2005 年版，第 69 页。
④ “一五”计划规定：苏联援助下的 156 个工业单位的建设，在“一五”期间开始施工的有 145 项，还有 11 项将在“二五”计划期间进行施工。在 156 项中，实际落实的有 150 项，主要是重工业项目。其中，国防工业 44 项，冶金工业 20 项，能源工业 52 项，机械工业 24 项，化学工业 7 项，轻工业 3 项。参见刘国光主编：《中国十个五年计划研究报告》，人民出版社 2006 年版，第 76—78 页。

13 套大化肥、4 套大化纤、3 套石油化工等项目，被称为“四三方案”。在此方案基础上又追加了一批项目，计划进口总额达到了 51.4 亿美元，成为继“一五”计划 156 个项目之后的又一次大规模技术引进。[①]

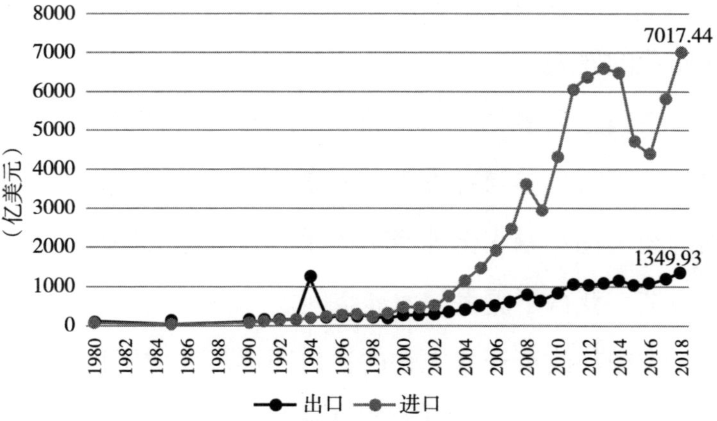

图 3　我国初级产品进口额与出口额（1980—2018）

数据来源:《中国统计年鉴》

（二）参与国际循环 2.0：生产制造中心

改革开放之后，中国开始逐步作为生产制造中心加入了国际大循环。经济学者王建曾经提出国际经济大循

① 参见武力主编:《中国发展道路》，湖南人民出版社 2012 年版，第 1085 页。

环战略，通过国际市场转换机制，沟通我国的农业与重工业循环。[①] 改革开放初期，在沿海形成了“两头在外”的发展模式，在沿海地区发展加工业，换取国际的外汇，而外汇又可以进口成套设备，推动重工业发展，同时也带动了内地的资源品、劳动力向沿海流动，带动农村农业的发展。

中国全面参与国际大循环，除参与世界贸易大循环之外，同时也参与各种生产要素的国际大循环，使得中国的经济逐步融入全球经济体系，在全球大循环中得到了锻造，获得了更大的发展空间。

中国从改革开放之初的进口国逐步变成了世界上的出口国，尤其是加入世界贸易组织以后，我国的贸易顺差额迅速扩大，中国制造走向全世界，出现了大量的货物贸易盈余。2015 年，我国的货物贸易出口进口差额达到了 5939 亿美元，近年来有所下降，2018 年为 3509 亿美元，2020 年又上升到 5350 亿美元。伴随着货物贸易顺差，我国的外汇储备额也不断上升，2020 年达到 3.2 万亿美元。同时，我国服务贸易长期处于逆差的状态，2012 年以来我国的服务贸易逆差迅速扩大，2018

① 参见王建：《什么是国际经济大循环》，《四川建材学院学报》1988 年第 3 期。

年逆差额已经达到 2582 亿美元。（见图 4）

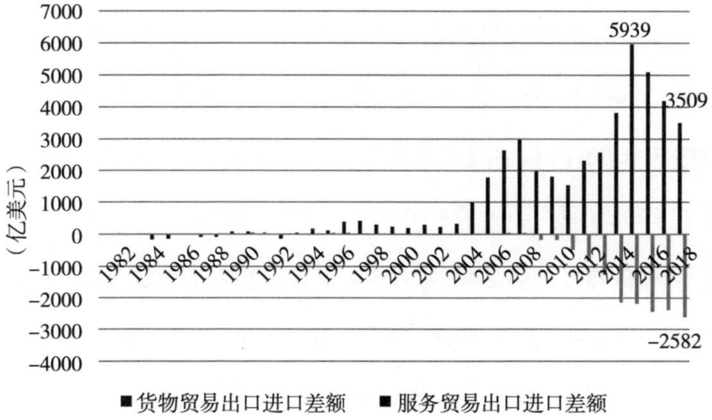

图 4　我国货物贸易与服务贸易出口进口差额（1982—2018）

数据来源：《中国统计年鉴》

贸易结构发生了变化，从初级产品占据一半的出口结构，转变为工业制品为主的出口结构。1995 年以后，中国的工业制品占出口的比重达到了 80% 以上，这也标志着中国不再以资源出口地，而是以生产制造中心加入国际大循环。以进料加工、来料加工、装配业务和协作生产等形式的加工贸易快速发展，1981 年中国的加工贸易占比只有 5.98%，而到 2001 年达到了 47.53%。[①]

① 参见国家发展和改革委员会、国际合作中心对外开放课题组：《中国对外开放 40 年》，人民出版社 2018 年版，第 89—90 页。

随着中国由资源输出国转变为生产制造中心，1995年之后，中国从资源净出口国转变为资源净进口国。2000年，江泽民明确提出“必须充分运用国内国际两种资源、两个市场，必须加大利用国外资源的工作力度”①。初级产品净进口占GDP的比重不断上升，到2008年达到6.57%，受金融危机影响，2009年降至4.9%，随后又重新提高，2012年为6.5%。中国通过购买全球资源，缓解了本国资源的瓶颈约束，同时也拉动了资源输出国的经济增长。

中国作为生产制造中心，除了进一步加入全球产业分工之外，同时也成为FDI的重要流入国，1985年中国利用外商直接投资仅47.6亿美元，到2020年达到1630亿美元，超过美国成为世界外商投资最大目的地国。同时，我国的人力资源也加入了国际大循环。改革开放以后，我国出国留学人员数量快速增长，特别是进入21世纪后，出国留学人员数量更是加速增长。到2018年我国出国留学人员总规模已经达到了66.2万人。2018年有超49万名留学生来华学习，中国也为世界培养了越来越多的人才。

① 《江泽民思想年编（1989—2008）》，中央文献出版社2010年版，第460页。

三、传统国际经济循环模式危机

与中国作为生产制造中心对应的是传统国际经济大循环模式。几十年来，世界总体上形成了欧美作为研发中心、金融中心、消费中心，东亚特别是中国作为制造中心，其他一些资源能源大国作为资源品输出中心的国际经济大循环模式。美国1953年制造业产值占世界比重达到峰值44.7%，随后全球的生产中心就从美国向东亚转移，其中日本制造业产值占世界的比重从二战后的2.6%提高到1980年的14.9%。再往后，制造业又转移到中国，到2009年中国制造业产值已经占到世界的25.9%，是美国的1.6倍。这一模式在一定时期是有效的，欧美占据了产业链高端，同时获得物美价廉的消费品，形成了多方共赢而欧美发达国家多赢的局面。

2008年国际金融危机爆发，这一国际循环模式的弊端暴露出来，中国的经常项目顺差与金融项目逆差是以美国的镜像为特点的，美国出现了过度消费、过度负债的问题，制造业空心化又加剧了美国国内的阶级矛盾。

2008年以来全球化发生了重大的转折，由全球化扩张阶段进入了逆全球化的收缩阶段。世界银行报告研究发现，1990—2007年是全球价值链增长最快的时期，原因在于交通、信息通信技术的进步，以及贸易壁垒降低，吸引制造企业将生产链条延伸到国外。而2008年以来，由于贸易改革趋缓，一些国家将生产链条转回国内，全球价值链增长放缓，全球价值链贸易占比下降。① 同时，欧美国家试图对全球分工作出调整，以重构制造业的全球价值链。美国提出了“再工业化”，推动制造业“两个转移”——高端制造业回流美国，中低端制造业向东南亚转移。

2008年国际金融危机以来，我国的经常项目余额持续缩小，特别是美国挑起中美经贸摩擦以来，我国对美国的出口减少，而对“一带一路”沿线国家和地区等出口开始增加。我国的贸易依存度从2006年的64.2%下降到2019年的31.8%，出口产品中的外国增加值占比从2005年的26.3%下降到2015年的17.3%，最终需求中的国内增加值占比从2005年的80%提高到2015年的86%。②

① 参见世界银行：《2020年世界发展报告——在全球价值链时代以贸易促发展》。
② 参见杨盼盼、崔晓敏：《“双循环”新发展格局的国际比较与启示》，《开放导报》2021年第1期。

传统国际大循环模式的另外一个特点是，欧美作为科技研发中心，而中国是作为制造和加工中心的。随着中国科技实力增强，产业向中高端迈进，与以美国为首的西方世界产生了深刻的竞争关系。美国、欧盟近年发布的报告，都将中国作为5G、人工智能等关键技术的主要竞争对手，这也是美国挑起与中国经贸摩擦的重要背景。

同时，美国挑起的中美经贸摩擦、俄乌冲突等重大的国际事件对全球大循环体系造成了巨大冲击，造成了国际环境更大不确定性，加速了传统国内国际循环模式终结。西方各国要求制造业本地化战略诉求更强烈，拜登政府更是提出了基于价值观的供应链整合。

四、推动形成双循环新发展格局

新冠疫情发生以来，美国对我国打压进一步升级，疫情也造成国际环境高度不确定性，我国最重要的地缘发展大战略就是要形成以国内大循环为主体、国内国际双循环相互促进的新发展格局。这实际上是要打一场经济上的持久战，依靠我们广阔的经济发展战略纵深，形成一个内循环为主的体制，来应对国际环境的不确定性。

传统国际循环模式的危机，也意味着新型国际循环模式的新机，中国将由参与国际循环的 2.0 版本，主要是作为中低端的生产制造中心转变为参与国际循环 3.0 版本，即向全球中高端生产制造中心、全球创新中心、全球市场中心与全球金融中心四个中心迈进。

（一）统筹国内国际两个循环

双循环是在新的形势下统筹国内国际两个大局，统筹国内发展与国际贡献，推动两种资源、两种创新、两个生产、两个市场的新战略布局。

统筹两种资源，是指继续开发本国能源资源，同时积极进口国际能源资源；主要依靠本国资金，同时积极争取海外投资，积极扩大对外投资；主要依靠本国劳动力和人才，同时积极吸引全球人才。

统筹两种创新，是指积极推进自主创新、内源式创新成长为全球重要的创新领导者，同时又继续保持开放学习、开放创新，积极引进、应用其他国家的先进技术。

统筹两个生产，是指在国内稳定和优化全产业链优势，同时积极布局海外产业链，在保障本国的产业链安全的同时，与其他国家的产业链形成优势互补、互利共赢。

统筹两个市场，是指中国既积极扩大内需，进一步扩大开放，和全世界分享巨大市场机遇，同时积极稳定外需，开拓新兴市场，推动国内国际相互促进的供需循环。

双循环是以国内大循环为主体，在外部环境高度不确定的情况下，利用我们产业基础实力雄厚、产业链条完整、战略回旋空间大、超大市场规模的特点，畅通生产、分配、流通、消费等经济运行的各个环节，推动实现内部自我循环，包括供需循环、产业循环、区域循环、城乡循环与要素循环等。

要形成国际大循环新格局，摆脱过度依赖传统国际大循环模式，形成更多的面向南方国家，面向“一带一路”沿线国家的国际大循环模式。一方面，中国作为世界市场加大对全球的开放，继续与世界分享中国市场机遇；另一方面，中国作为世界工厂继续为世界提供中国制造、中国建造、中国创造，形成国内国际大循环相互促进的新发展格局。

（二）供给内需两端发力内循环

不论从经济安全还是从经济发展的角度而言，构建内循环为主体的体系都是非常重要的。前面提到的几个循环中，最重要的是要实现供需循环，最迫切的任务就是扩大内需。近年来，有效需求不足已经成为我国经济发展最突出的挑战，疫情的冲击无疑加剧了这一点。不扩大需求，无论如何降成本、保运行，长期来说都难以持续。

中国需要积极扩大内需，扩大有效投资，恢复市场信心，促进经济供需内循环。但要转变投资领域与投资方式，避免造成新一轮的过剩。

加大对软基础设施的投资，包括环保、公共卫生、养老健康、教育、防灾减灾、国防基础设施等。中国在保障生态安全、防疫应急、村庄社区保健、终身教育、备战应急、前沿科技设施等方面都有大量的投资缺口，亟待弥补。

布局若干超级工程，例如陆海通道、“一带一路”国际通道与走廊、生态走廊、前沿科技基础设施等。

推动城市基础设施升级，即便像北京、上海这种国内最发达的城市，也还有很大的升级空间，包括城市交通基础设施的升级、智慧城市建设、绿化生态环境升级改造、海绵城市建设，提升城市的防洪抗灾能力、应急避险能力、建筑节能水平、抗震能力等。

积极扩大消费需求。例如，根据央行课题组发布的调查数据，我国目前城镇居民家庭户均住房已经达到 1.5 套了，再大规模开发房地产会造成新的泡沫，可以考虑通过政策组合设计，拉动住房市场波浪形传导消费，推动居民住房条件升级。对于改善型住房需求，通过减免契税、住房公积金补贴等政策手段鼓励居民住房以旧换新、以小换大。对于首套住房的刚需，通过共有产权、限价房、政府集中采供等方式促进住房消费。通过消费补贴等政策推进汽车、家电用品以旧换新，带动家居大件消费品的消费需求。同时，可以在目前各地发放消费券的基础上，考虑推动公共消费，在线上线下设立公共消费区，低收入人口可以凭券免费消费，这既是保障民生的措施，也是挖掘潜在的消费潜力。

从供给侧构建内循环为主体的格局，最重要的是要稳定优化产业链。中国拥有世界上最完整的产业体系，这在全球是独一无二的。

传统国际贸易理论认为，随着要素成本上升，可以把附加值较低的制造业转移到国外，以更好发挥各自比较优势，实现产业垂直分工。但是，从经济安全角度看，却并非如此。在继续鼓励企业走出去的同时，要避免重蹈一些国家出现的制造业空心化覆辙。尤其是要避免中国全产业链优势被削弱，加强自主创新，补足产业链短板，利用国内战略腾挪空间大的特点，鼓励产业往中西部梯度转移，提高政府与企业的本地化采购比例，以保障本国企业生存空间。

（三）牢牢把握第四次产业革命机遇

在双循环中，创新中心是重要的节点，直接关系着产业基础再造和产业链提升。

进入 21 世纪以来，中国的创新实力持续快速提高，逐步成为全球创新潜在领导者之一。特别是由技术引进、引进吸收、集成创新、跟随战略等外源式创新为主，逐步转变为自主创新、创新驱动、蛙跳战略、协同创新、融合创新、原始创新、基础研究等内源式创新为主。2019 年，中国的 PCT 专利申请量达到 5.9 万件，首次超过美国（5.8 万件），跃升至世界第一位。中国仍然需要通过布局三个面向——面向科技前沿、面向国家重大战略需求、面向经济主战场，持续提升创新能力。中国创新是后发优势、跨越优势、引领优势、集成优势、协同优势的叠加。特别是具有新型举国体制优势、广阔的市场空间与巨大的应用场景，中国将成长为世界重要的创新中心，由中国制造升级为中国创造。

创新竞争的重点是布局第四次产业革命。第四次产业革命不但是促进经济发展的最有效抓手，也是中美战略竞争的制高点，历史上全球性大国的崛起根本上在于占领了新兴产业革命的领导权。人类正处于第四次产业革命的早期阶段，其中蕴藏着无限的可能。

第四次产业革命带来的是新基建、新投资、新就业、新消费的经济发展机遇。

新基建为第四次产业革命构建基础设施，包括构建各种类型智能终端、构建 5G 等通信基础设施，构建城市大脑、行业大脑、国家大脑、数据存储中心、超级计算设施等智能中枢设施。

新投资是指第四次产业革命孕育着巨大的产业投资机会。这是一个席卷商业部门、生活服务业部门、生产服务业部门、工业部门、农业部门、交通部门、社会治理部门等，贯穿生产、配送、消费整个链条的数字化、智能化过程，而且随着新技术的迭代涌现，将不断创造出新的投资风口。

新就业是指第四次产业革命使组织和市场的边界进一步融合，使就业由传统的组织内就业转变为多平台就业、灵活就业、多元就业。就业关系由雇佣关系转化为协作关系，就业和创业相互融合。

新消费是指第四次产业革命将带来新的消费方式变革。抖音、快手等短视频软件的风靡，实际上已经带动传统电商进入了内容电商时代。随着5G、人工智能与物联网的结合，将推动人们在线消费的升级，人们的衣、食、住、行、游、娱、学的消费方式都会发生重大变革。政府工作报告提到要鼓励推动线上线下消费，支持电商、快递进农村等，都将促进第四次产业革命带来的新消费。

第四次产业革命也会重新塑造产业链与价值链。各种类型的平台型企业通过数字赋能的方式，延伸到研发、制造、配送与销售各个环节，已经成为产业链生态的组织者、价值链的重塑者，颠覆了传统微笑曲线的价值链分工方式。

（四）建设双循环的棋眼：自由贸易区

一方面，中国要更加积极有为对外开放，在全球更大范围空间中谋划自身的发展。推进构建人类命运共同体，由全球化的接受方转变为全球化的塑造方与领导者。推动“一带一路”建设，积极推动企业走出去，在推进多边开放的同时推进区域开放，为世界各国打造共同发展平台。

另一方面，国门要开得更大，建设开放型经济体。加快转变贸易发展方式，建设贸易强国，加快推进服务业开放，对外商投资实行准入前国民待遇加负面清单制度；构建高水平的贸易与投资自由化、便利化。优化对外开放区域格局，形成陆海并进、东西双向的新开放格局。加快推进自由贸易试验区、自由贸易港建设。

20 世纪 90 年代，我国开始设立保税区、出口加工区、保税物流园区、保税港区、综合保税区等形态的海关特殊监管区。2013 年，开始设立自由贸易试验区，目前全国已经设立了 18 个自由贸易试验区，实现了东、中、西、东北全面开花，海南是其中面积最大的自由贸易试验区。如今，海南自由贸易港的设立标志着我国自由贸易区战略升级到了3.0版本。

一是具有窗口意义。海南按照境内关外的模式全岛封关运作，成为中国又一个对世界的开放窗口。

二是战略支点意义。海南是面对太平洋和印度洋的门户，自由贸易港能够成为海上丝绸之路的重要战略支点。

三是试验田意义。对于推进更高水平的开放，海南具有重要的试点意义。事实上，我国很多改革开放政策都是在经济特区取得试点成功之后，再在更大的区域和更大的范围逐步推开的。

放眼全球，海南自由贸易港模式是独一无二的。它不同于巴拿马科隆港、夏威夷火奴鲁鲁港等转口贸易型自由贸易港；不同于德国汉堡港、荷兰鹿特丹港等港口工业型自由贸易港；不同于开曼群岛、毛里求斯等离岸业务为主的自由港；也不同于新加坡和中国香港地区等港产城联动发展模式。

海南是一种新型的“港＋产＋岛＋网＋制”的综合型、高水平的自贸区模式，通过制度创新，推动贸易投资高度自由化、便利化，构建现代产业体系的自由贸易岛。

一是港。港口不仅仅是海港，还包括空港、陆港与数港。海南有海口港、三亚港、洋浦港、八所港等海港。但是，2019 年海南省全省港口货物吞吐量只有 1.98 亿吨，占全国的 1.4%；集装箱吞吐量只有 268 万标准箱，占全国的 1%，与全国主要港口的吞吐量相比差了一个数量级。在空港上，2019 年已经开通国际航线 100 条，未来将打造国际航运枢纽和航空枢纽。在陆港上，海南需要尽快打通陆海通道，将海南环岛高速铁路网接入内陆高铁网。在数港上，扩大数据领域开放，培育发展数字经济，成为数字经济发展、数字贸易的枢纽。

二是产。海南要构建以旅游业、现代服务业和高新技术产业为重点的现代产业体系。建设国际旅游消费中心，带动康养、文化等服务业融合发展；加快运输物流、海洋服务业、数字服务业、金融服务业的发展；做大做强海南特色高技术产业、海洋产业、卫星发射系列产业、高技术农业。

三是岛。海南全岛建成自由贸易港，全岛封关运作，既是境内关外，又是一个自由贸易特区，这在全世界都是独特的，堪称大手笔之作。与传统特定区域或者特定城市作为自贸区不同，既有城市也有农村，海南既有建设用地空间，也有农业空间、生态空间，能够建成一个功能齐全的自由岛。海岛作为一个相对独立的地理空间，能够在一线放开的同时，二线切实管住，有利于统筹加大开放与保障安全两个目标。

四是网。互联网时代的自由贸易港，不能只依靠地理枢纽优势，还需要主动搭建发展网络，成为发展网络的枢纽。首先要发挥背靠中国大陆的优势，尽快打通陆海通道，二线管住，同时也要放活，促进要素自由快速流动。从全国地图来看，海南是“天涯海角”，但是从南海区域来看，海南却处于中心地带。要依托“21 世纪海上丝绸之路”，积极推动打造泛南海经济合作圈，推动形成高水平的区域自由贸易网络。

五是制。海南自由贸易港不是传统的要素流动枢纽型，而主要是规则制度创新型的自由港。通过贸易、投资、人员自由便利的制度设计，特殊税收制度和完备的法治化体系，通过制度创新，促进要素集聚和产业体系构建。

与临海新片区更多面向长三角，服务高端制造业、服务业等，前海自贸区更多面向珠三角，针对现代化经济体系，打造创新体系等不同，海南自由贸易港实际上是要面向世界，服务全国，打造对外开放的新门户、新高地。需要通过充分发挥地缘优势，通过战略创新、制度创新，在全球打造一个发展成本洼地、发展机遇高地、优美安全宜居地。

在一个逆全球化环境中，一些国家推行筑墙战略，提高贸易壁垒，大搞贸易保护主义，中国反其道而行之，主动加大开放，创造一个集聚生产要素的洼地，促进要素自由流动的通道，吸引全球更多的人流、物流、资金流、信息流向这个洼地集聚，向世界更多分享中国市场与中国机会。

海南是全国陆地面积最小、海洋面积最大的省份，海岛的地理特征使得它能够在拥抱海洋的同时，成为联结陆地和海洋的纽带，成为面向太平洋与印度洋的开放门户，使得企业能够同时享受背靠中国、拥抱世界的双重发展机遇，成为发展机遇的高地。

海南自由贸易港推出了六个方面的自由便利措施，通过货物贸易零关税、零壁垒，服务贸易既准入又准营推进贸易自由便利，通过实行“非禁即入”制推进投资自由便利，跨境资金流动自由便利，人员进出自由便利，运输来往自由便利，数据安全有序流动。同时实行“零关税、低税率、简税制”的特殊税收制度，打造具有全球竞争力的成本洼地。

以 WTO 为中心的全球贸易体系正处于重构升级的过程，虽然出现了逆全球化的回头浪，但从长远看，全球化仍将进一步深度发展，未来的全球贸易与投资将进一步走向自由化、便利化，海南自由贸易港建设，为未来中国进一步扩大开放提供了一个试验区和压力测试机制。我国正在积极转变对外服务贸易的方式，加大服务贸易占总贸易的比重，海南发展服务贸易也提供了一块试验田。

要让海南自贸港由新时代对外开放大棋局中的关键一招成为制胜一招，成长为世界上综合实力最强的自贸港之一，无疑面临着巨大的挑战。

第一，竞争激烈。与上海、深圳等地的自由贸易区相比，海南发展基础薄弱。在泛南海区域，集中了世界三大自由贸易港，新加坡和中国香港、海南，虽然互补大于竞争，但海南要想脱颖而出，需要克服的困难不少。

第二，产业基础相对薄弱。一方面，海南产业发展小而散的弱点长期以来没有克服，2019 年海南的地区生产总值仅为 5309 亿元。另一方面，在国家重大战略利好释放的条件下，要保持战略定力，避免出现简单追求短期红利的路径锁定。

第三，人才瓶颈制约。建设自由贸易港，发展现代服务业、高技术产业，人才是第一要素，海南在推进“百万人才进海南”的目标，这一目标如果实现，就意味着海南将有 1/10 左右的人口是外来人才。更重要的是，海南确实能够成为发展热土，以事业留人，而不仅仅是以优美环境留人。

第四，国际政治经济环境不确定性影响。世界逆全球化回头浪可能愈演愈烈，南海地缘政治格局复杂，这使海南发展战略面临不确定性的挑战。风起琼岛，潮涌南海。今日之海南已非海南之海南，而是中国之海南，世界之海南。海南已经不能再如三亚花鹿回头，恋恋于海外桃源之静谧淳朴，而只能如南海大鲲化鹏，展翅直上，搏击前程万里。

总之，中国的双循环发展格局是统筹国内国际两个大局，统筹发展和安全两件大事，积极应对新变局，构建新发展格局。双循环体制并不是要和全球化脱钩，而是要进一步地融入全球化，积极推动新型全球化。

从中国经济谈新发展格局

龚六堂

北京工商大学副校长，北京大学光华管理学院应用经济系教授、博士生导师，曾任北京大学习近平新时代中国特色社会主义思想研究院副院长、光华管理学院副院长、社会科学部部长，长期从事宏观经济政策、公共财政、经济增长和动态经济学以及相关领域的研究工作。

一、中央经济会议与“加快构建新发展格局”

新中国成立70多年来，特别是改革开放40多年来，中国经济一脉相承。回看2022年中国经济，实际上，2021年中央经济工作会议已经对2022年的经济工作作了非常详细的部署，并指出，需求有问题、供给有问题、预期有问题，提出“六稳”政策，强调“稳中求进”“统筹协调系统”，尤其重要的是提出要完整、准确、全面贯彻新发展理念，加快构建新发展格局。

2022年全国两会期间，中央提出了一系列的经济指标，比如，GDP增长5.5个百分点，GDP增长到120万亿元。事实上，这一指标的定量是为了利于引导预期。中央经济工作会议已经指出，中国2021年、2022年经济预期是转弱，必须有一定的GDP增长，以利于引导预期，利于保就业，提升就业率。

新冠疫情发生以来，我国经济总体表现不佳。另外，还面临非常重要的外部压力，即俄乌冲突。俄乌冲突造成的通货膨胀，再加上发达国家开始加息，给包括中国经济在内的世界经济带来了很大的挑战。

2022 年下半年经济有所恢复，8 月份经济形势好于 6、7 月份，PMI 指数（Purchase Management Index，采购经理指数）慢慢提升，财政政策还需要进一步发力。2022 年 1—8 月累计，全国一般公共预算支出 165177 亿元，同比增长 6.3%。我国的货币政策已经很宽松了，实际上公布的 M2 约为 12%，高于前几年的 8%、9%。

从 2022 年的经济发展情况看，从 2021 年的中央经济工作会议来看，实际上进入新发展阶段后，我们要继续完整、准确、全面贯彻新发展理念，加快构建新发展格局，也要继续把握中长期的经济。

二、新发展格局提出的大背景

中央为什么要提出新发展格局？为什么要提出国内国际双循环？这主要是因为当前国际格局已经发生深刻变化，而且全球贸易增长速度特别是近几年下滑得非常明显，这主要受三个方面的影响：第一，2008 年国际金融危机；第二，特朗普、拜登的上台；第三，新冠疫情的暴发。

2008 年国际金融危机对贸易的影响是什么？深刻改变贸易格局。我们可以看到，2009 年，世界贸易减少了 12.5%，这是 70 年以来最大的下滑，而且这种下滑结构性非常明显。美国等发达国家下降得极为严重，进口和出口都在下降。就美国来说，有数据显示，2009 年与 2008 年相比，出口额下降 18%，进口额下降 26%。与此同时，发展中国家进出口额在 2009 年之前占美国进出口额的 30% 左右，2008 年国际金融危机以后，发展中国家进出口额占美国进出口额超过了 50%，甚至 60%。2009 年，中国进口额超过德国，首次成为仅次于美国的世界第二大进口国。另外，中国首次取代美国成为巴西的最大贸易伙伴。2008 年国际金融危机对贸易产生影响以后，实际上影响到了世界经济。同时，2008 年国际金融危机使贸易保护加强。据世界银行统计，目前，G20 中 17 个国家出台了 78 项贸易保护措施，其中有一多半已经开始实施，贸易保护措施越来越严格。

新冠疫情对世界经济的影响，可能比 2008 年国际金融经济危机更大。美国 2020 年全年 GDP 增速为 −3.5%，创 1946 年以来新低。英国在 2020 年遭遇新冠疫情的冲击后，经济出现 300 多年来最大降幅。世界贸易组织发布的 2021 年度《全球贸易数据与展望》显示，疫情的出现使得全球货物贸易总额在 2020 年下降了 5.3%。

新冠疫情除了对经济增长和贸易有影响以外，还有一个非常大的影响，就是世界出现大的通货膨胀，美国暴力加息，进行超反常的货币政策调整。本来 2008 年国际金融危机使得各个国家实行了一轮宽松的货币政策，2015 年、2016 年美国进行货币政策调整，开始货币政策正常化。但是，新冠疫情发生以后，这些国家又开始实行极度宽松的货币政策，这是造成通货膨胀的根本原因之一。

新冠疫情和国际金融危机叠加在一起，使得全世界的贸易结构发生了非常大的变化。2012 年之前，美国是全世界货物贸易总额最大的国家，大到什么程度呢？比德国和日本这两个国家货物贸易总额加起来还多。但是在 2013 年以后，美国的这一位置被中国代替了，而且代替以后，差距会越来越大。

2020 年，我国货物贸易进出口总值超过 32 万亿元，货物贸易第一大国地位进一步巩固；2021 年，我国货物贸易进出口总值为 39.1 万亿元；2022 年，我国进出口总值首次突破 40 万亿元，外贸规模创历史新高，连续 6 年保持世界第一货物贸易国地位。

这就是说，我国的进出口贸易在多轮经济危机和新冠疫情的影响下是增长的，而且占世界贸易进出口总额的份额越来越大。

还有经济结构的变化。过去，虽然发达国家的人数少，但是经济总量超过 50%，而现在发展中国家经济总量超过 60% 了，发达国家下降为 40%。

另外，还有新旧动能发生转换。现在这次以人工智能、大数据为代表的新一轮的工业革命，我们称作颠覆性的技术，或者传导性的毁灭过程，实际上是新的增长动能。过去几轮工业革命实际上都是以西方国家为代表的，西方国家占据主导地位。现在呢？数据显示，1996 年之前，高收入国家 R&D 经费投入占全球 87%，2017 年只有 64%。就是说，产生新旧动能转换的时候，发达国家在这个地方的投入，占世界总投入的份额越来越小。而这一系列变化使得中国在国际上的位置发生非常大的变化，所以我们必须进行战略调整。

这个时代，从原来的美国一家独大的一元化时代变成了多元化时代。

三、中国经济实力的跃升

对于中国来讲，在国际上慢慢从原来的适应规则到制定规则，贡献着中国智慧，也就是习近平总书记所说的“中国已经可以平视这个世界了”。

中国已经是世界第二大经济体，GDP 水平和人均 GDP 水平不断地提高，支撑着国内市场。过去我们主要依靠外部市场，现在中国的竞争优势慢慢开始变成国内的市场规模优势。所以，此时要关注国内的环境，要利用自己的市场。

诺贝尔经济学奖获得者斯蒂格利茨几年前讲过，21 世纪世界经济增长的动力在什么地方？他认为，世界经济增长的动力有两个：第一，创新；第二，中国的城镇化。他说，中国的城镇化实际上是为世界提供市场。

2010 年中国成为世界第二大经济体，还是世界最大的制造业国家。世界银行数据显示，2010 年中国制造业增加值首次超过美国，之后连续多年稳居世界第一；2020年中国制造业增加值占世界的份额达28.5%，2021年这一指标为29.79%，2022年依旧占近30%。

2014年，中国GDP总量达10.4万亿美元。如果把欧盟作为一个经济体和国家来比较，这时候世界GDP总量超过10万亿美元的经济体有三个，一个是美国，一个是欧元区，一个是中国。中国现在超过欧元区，成为第二大经济体。2019年，中国人均GDP超过1万美元。此后，中国将从中等收入国家开始走向中高收入国家。2021年，我国人均GDP达到80976元，按年平均汇率折算达12551美元，超过世界人均GDP水平。

接下来看中国GDP占世界的份额，这实际上代表着我们的话语权。1978年，中国拥有占全世界1/10的人口，但中国的GDP占世界的份额仅为1.8%。而在2022年，中国GDP达18.3万亿美元，位居世界第二。

2008年国际金融危机爆发后，当时美国出台量化宽松的货币政策，有记者问美国时任总统奥巴马：为什么出台量化宽松的货币政策？难道你不知道量化宽松的货币政策会使世界产生通货膨胀吗？奥巴马说：我为什么要对世界负责？我是美国人民的总统，又不是世界人民的总统。他又说：我正是对世界人民负责，所以要恢复美国经济，因为美国经济占全球经济的 25%，恢复美国经济就是恢复全球的经济。现在中国经济全球占比约为 18.5%，和美国加起来占世界的 40%，这就代表话语权。

实际上还有很重要的事情，那就是中国是全世界最大的投资市场之一。这个投资市场有两个：一个是 FDI，即外商直接投资，中国是全世界吸引外资最大的市场之一，占 GDP 的 20% 左右；另一个是 ODI，即对外直接投资，也就是将中国的钱投到国外市场，中国占比约为 15%—16%，这个数值已经非常高了。这也是因为我们有很强的外汇资本市场的管制，才使得这个数据没有涨上去。实际上，ODI 的涨速非常快，2015 年、2016 年正好美国加息，如果资本市场没有管制，中国资本可能会流出更多。但是，即便如此，中国的投资市场已经成为世界最大的市场之一了。

再来看中国的消费市场。过去美国一直是全世界最大的消费市场，中国的人口是美国的 4 倍，中国的总消费额和美国接近，但最大的消费市场不是中国，中国的人均消费只有美国的 1/10。这就是为什么当前要强调以国内市场为主，扩大内需的占比。

改革开放 40 多年，按照发展经济学的理论，随着工业化进程的推进，中国第二产业或者制造业占 GDP 的比重是慢慢下降的，但是中国制造业还保持着非常好的水平，改革开放初期占 47.7%，到现在还占到 40% 左右，保持着非常合适的规模。这与美国、日本等工业化国家都不相同。这些工业化国家随着工业化的进程，第二产业下降速度非常快，而且很快转移走，但是中国并非如此。中国有完整的制造业体系，包括工业大类、工业种类、工业小类，都是相对比较完整的。这是中国制造业的基础。

四、中国经济展现出强大韧性和潜力

中国经济韧性十足。虽然受到 2008 年国际金融危机的影响，受到新冠疫情的影响，但中国经济能够很快恢复过来。

以服务业为例，从 2022 年 6 月开始，我国服务业生产指数等数据由降转升，整体来看，服务业正逐步恢复，其中现代服务业增势较好。2023 年我国经济将呈现逐步恢复态势。

中国海关总署发布数据显示，2020 年，我国货物贸易进出口总值为 32.16 万亿元，比 2019 年增长 1.9%。2021 年，中国货物贸易进出口总值达 39.1 万亿元，同比增长 21.4%。2022 年，我国货物贸易进出口总值为 42.07 万亿元，比 2021 年增长 7.7%。

这就是中国经济的韧性。

我们会发现，以国内大循环为主的格局实际上已经慢慢形成，比如增长结构改善。增长结构的改善就是消费对于经济增长的贡献。2022 年整个增长结构，特别是消费的贡献率保持着正常的水平。2019 年我国最终消费支出对国内生产总值增长贡献率为 57.8%，2020 年这一数值为 54.4%，2021 年为 65.4%，2022 年为 32.8%。还有产业结构改善。在工业化过程中，第三产业在增加，第三产业占 GDP 的比重从 2015 年开始每年都超过 50%。

结构改善还体现在城乡结构上，城乡收入差距缩小。实际上，我们可以看到，我国城乡居民收入差距倍数从 2017 年的 2.71 下降到 2021 年的 2.5。2022 年上半年上升到 2.55，这是受新冠疫情的影响，这是一个特殊时期的特殊结果，我们不能因此就认为城乡收入差距没有改善，事实上，还是持续改善的。另外，我国城镇化率一直持续往上走，服务性消费占比上升，恩格尔系数下降，这些都是结构改善，也是新发展格局形成过程中的环节。

五、扩大内需必须解决投资和消费的问题

如果新发展格局已经形成了，中央经济工作会议就不会说要加快构建新发展格局。由此可见，在新发展格局形成的过程中存在着一定的问题。包括整个 GDP 的增长，包括需求、供给、市场分工、收入的问题，这一系列问题影响着新发展格局的形成。怎么来解决这个问题？实际上需要依靠新发展理念。

中国整个 GDP 增长还是存在问题的。数据显示，1978 —2008 年的 30 年 GDP 增长名义上是 16%，实际上是 9.9%，2009 —2018 年实际上是 8.3%。过去 GDP 的增长，支撑着过去 40 多年的中国经济增长。但是受新冠疫情等各种因素的影响，2021 年 GDP 增长 8.1%，

增长是持续往下走的。即使除去疫情的影响，增长趋势还是下降的。新发展理念下要实现的增长是高质量的增长，但并不是不要增长。

以国内大循环为主体，实际上是要扩大内需，这就关系到投资和消费。投资这一块非常重要。我国过去平均的投资水平是 20 个百分点，1978 —2008 年这 30 年我国投资水平是 20 个百分点，但是现在投资水平是多少？2021 年只有 5 个百分点，是过去投资水平的 1/4。2022 年 1 —8 月是 5.8 个百分点，这个数据实际上也是很低的。其中，民营资本投资只有 2.3 个百分点，远远低于整体投资水平；房地产投资水平 −7.4 个百分点。

过去，我国民间投资水平一直高于整体投资水平，但是现在一直低于整体投资水平，原因就是民间投资水平增长不快。这实际上导致房地产出现一个非常大的结构性问题。2012 年以来，民间投资占全国固定资产投资比重连续 5 年超过 60%，最高时达到 65.4%。到了 2019 年，民间投资占全国固定资产投资比重下降至 56.4%。2020 年，民间投资占比下降至 55.7%。2021 年，民间投资占比进一步下降至 55.6%。2022 年 1 —8 月，只有 55.3%。

再看消费的问题。过去支持中国经济增长的消费是15个百分点，现在的消费大概保持在什么水平？2019年是8个百分点左右；2021年最低，只有1.7个百分点，消费水平一下子降下来；2022年8月的数据是5.4个百分点。

那么，在消费这一部分，特别要关注什么？可以看宏观的消费力。通过比较我们发现，美国人均GDP达到1万美元的时候，宏观消费率是60.5%，日本人均GDP达到1万美元的时候，宏观消费率是53.9%，韩国是51.8%。

改革开放初期，中国居民的消费结构还是挺好的，但是后来消费率持续下降。当然，在邓小平南方谈话后的一段时间里，又有一个小幅的上升。整体来看，2000年以后，我国消费率下降最为明显，最低的时候达到34%。

实际上，我国消费率下降最快的时候，也就是我国消费出问题的时候，恰恰是我国经济增长最好的时候。2000年到2008年国际金融危机爆发之前，中国低通货膨胀，实现了高增长。党的十八大以后，我国消费率有所上升，但上升的速度不快，没有超过40%，比美国低 20%，比日本、韩国低 15%。后来，受到新冠疫情的影响，消费率又开始下降。这是宏观的消费率。

还有一个微观消费率，我国每年会公布居民的人均收入和居民的人均消费，人均消费与人均收入之比就是居民微观的消费率。就微观消费率来说，美国人均 GDP 超过 1 万美元的时候是 87%。中国是多少呢？2019 年中国人均 GDP 超过 1 万美元，微观消费率为 67%，比美国低 20%，比日本低 13%。主要差在哪里呢？服务性消费。中国的服务性消费最高的时候达到 50%，而美国服务性消费为 68.8%，日本为 60%。当前，包括建设国际消费中心城市等一系列措施，落脚点都是要发展服务性消费，这是非常重要的。这就是消费存在结构性问题，主要体现在服务性消费、生活性消费上，这方面和美国、日本的差距比较大。

我国消费还存在结构性问题，就是城乡消费结构。将城镇居民消费和农村居民消费来比较，最高的时候，前者是后者的 3.2 倍。现在这一差距缩小了，但是即使缩小了还是 1.9 倍。也就是说，一个城镇居民一年花的钱是一个农村居民一年花的钱的 2 倍左右。这就是为什么城镇化率可以提高消费。实际上，把一个农村居民变成城镇居民，会增加很多消费，这些消费自然而然会拉动消费的增长，这就是城镇化率带来消费增长的问题。

此外，消费水平还存在地区差距，2021 年人均消费水平最高的是上海，北京大约是上海的 89%；最低的是西藏，大约是北京的 30%。所以，地区之间发展不平衡，消费水平会存在差异。但是，把价格等因素考虑进去可能会更合理。

还有供给的问题，我国企业供给不足，核心产品依赖进口。2018 年以来直到现在，我国集成电路的进口总金额是所有进口产品中金额最高的。2022 年 1 —8 月，我国集成电路进口总金额为 2700 亿美元，同比只有 2.6% 的增长。

另外，中国优秀的制造型企业不多，缺少一流的企业。在世界 500 强中，中国比较靠前的企业中，没有制造型企业。这是供给端的问题。

高端消费也存在很大的问题，中国高端消费约占世界的 50%，但中国的高端消费往往都在消费端。全世界最大的四个品牌，中国一个都没有。这就是高端消费供给不足。

高端消费供给不足，制约了中国目前的消费升级。

2014—2018年，境外高端消费占据了一定比例。然而，2019年以后，高端消费因为疫情影响就很少了，导致更多的是闲散消费。现在中国的高端消费中有非常多的是闲散消费，而高端品牌的闲散消费中很多都是中国的消费。

为什么我国的消费存在问题？这跟我国的居民收入增长存在问题有关。特别是近些年来，追求居民收入增长要和GDP增长基本同步。但是，当两者基本同步的时候，城镇居民收入的增长却低于GDP的增长。2020年城镇居民GDP只增长1.3%，比GDP增长的2.3%还低1个百分点。

居民收入占GDP的比例，也是我们一直在讲的。可以看到，我国居民人均GDP超过1万美元，但是真正用来消费的是收入。因此，居民收入占GDP的比例就是非常重要的概念。也就是说，1元GDP中有多少钱可以花，20世纪90年代是0.5元多，这个水平还是挺好的。后来持续降低，特别是2000年以后，最低的时候是0.42，就是1元GDP只产生0.42元的居民收入。2012年以后，这个数值有所上升，但最高的时候也只有0.456，近几年又有所下降。美国2008年居民收入占 GDP 的比例约为 80%，也就是 1 元 GDP 中有 0.8 元左右的收入。由此可见，差距还是很明显的。所以，关键是怎么提高居民可支配收入占 GDP 的比例。解决居民收入问题，才能解决消费问题，特别是解决服务性消费的问题。有钱了才能消费，没钱怎么消费？而城镇化的推进，把大量的农村居民变成城镇居民，实际上就是在解决城乡差距的问题，解决城乡消费差距的问题。

同时，还有收入分配不平等的问题。推进共同富裕，必须解决地区差距与城乡差距，还有各级收入分配差距。

所以，总体来看，《中华人民共和国国民经济和社会发展第十四个五年规划和 2035 年远景目标纲要》强调要构建新发展格局，形成新的比较优势，要基本实现社会主义现代化。实现社会主义现代化有非常多的指标，其中一个重要指标就是人均国内生产总值要达到中等国家水平，基本公共服务均等化，还要求城乡区域发展差距和居民生活水平差距显著缩小。另外，共同富裕要取得更明显的实质性的进展，就是收入不平等状况要改善。这些都是存在的问题，未来这些问题解决好了就是发展的动力。

另外，还有一个产业结构的问题。过去几十年，我国第二产业或者工业的 GDP 占比维持在比较好的水平。但是，2010 年以后，由于产业结构的调整，第二产业或者工业的 GDP 占比不断降低。这就是工业化的问题。产业转移是经济发展的规律。2008 年国际金融危机爆发之后，一些发达国家实行再工业化。一些产业开始从中国转移到国外，不仅转移到美国，转移到欧洲，还转移到东南亚国家。我们必须重视，至少要保持产业链中的核心产业留在中国，这是很重要的事情，否则将来怎么再工业化？

实际上，按照发展经济学的规律，第二产业下降，第三产业就会上升。在这种替代中，如果第三产业的劳动生产率比第二产业劳动生产率高，就非常好。但是，中国第三产业的劳动生产率始终低于第二产业的劳动生产率，前者占后者约 90%。也就是说，低劳动生产率大于高劳动生产率，这些应该引起高度重视。

我们当前的目标是 2035 年基本实现社会主义现代化，人均 GDP 达到中等发达国家水平。1960 年，日本人均 GDP 为 475 美元，美国为 3007 美元，日本是美国的 15.8%。1970 年，日本人均 GDP 为 2056 美元，美国为 5234 美元，日本达到美国的 39%，已经实现高水平的现代化了。

按照邓小平提出的目标，21 世纪中叶中国人均 GDP 要达到发达国家的一半，也就是美国的一半。美国人均 GDP 的一半是什么水平呢？假设人口基数不变，中国 2050 年 GDP 总量是美国的 2 倍，到 2035 年人均 GDP 大概是美国的 1.18 倍。按照这个速度，中国平均每年的增长速度要比美国快 3.56 个百分点，这时候美国是 2 个百分点，我们是 5.56 个百分点。所以，这就是为什么我们在实现现代化过程中还要保持合适的增长速度，这个合适的增长速度实际上是基于实现社会主义现代化目标提出来的。

其实这个地方还有一个很重要的问题——这些国家什么时候开始人均 GDP 超过 1 万美元？人均 GDP 超过 1 万美元的国家非常多，包括意大利、法国、德国，它们在 20 世纪 70 年代人均 GDP 就超过了 1 万美元。但是，有的国家人均 GDP 超过 1 万美元以后，到 2 万美元、3 万美元以后就不再上升了，只有美国一直往上走。

这些国家可分为三类：第一类是以美国为代表的人

均 GDP 一直增长，美国 2021 年人均 GDP 为 6.94 万美元，2022 年为 7.64 万美元。第二类是以德国、日本、法国、英国为代表的人均 GDP 保持在 4 万—5 万美元，不再上升。有的国家人均 GDP 曾经超过 5 万美元，但昙花一现，超过一点又马上降下来。第三类是以西班牙、意大利为代表的人均 GDP 超过 4 万美元，超过一点又马上降下来，GDP 增长非常慢。不只是中等收入存在陷阱，实际上任何收入都有陷阱。进入中高收入国家行列后收入不增长，也会存在陷阱。

因此，GDP 保持合适的增速对一个国家来讲是非常重要的，没有合适的增速是不可能基本实现社会主义现代化的，也就达不到目标。所以，从长期来看，我国经济发展还是要保持 GDP 合适的增速，以保证顺利实现现代化目标。

怎么来保证？创新。2022 年，我国创新指数位居世界第 11 位，但和美国等发达国家相比，还有很大差距。创新就是要提高全要素生产率，解决经济增长内生的问题。谈到创新，不得不谈数字经济。2021 年中国数字经济规模达 45.5 万亿元，占 GDP 的 39.8%，表现不错，但是只占美国的一半。中国的 GDP 总量已经是美国的77%，但是数字经济还不到美国的一半，还有非常大的差距。这也是为什么新发展理念把“创新”放在首位。

在新发展格局中，我们强调内需的重要性。在内需方面，需要扩大内需政策，加强消费升级，消费占比要持续上升。实际上，现在我国有些城市已经进入了非常强劲的消费升级的初期。在这种情况下，我们怎么进行供给侧改革，提供更多的满足消费升级的产品，这是非常重要的。还有国外市场、对外经济，不能只靠国内，更高水平的开放、进一步的开放也是非常重要的，国内和国际要双循环，我们必须从中形成新的比较优势。

新发展格局的构建是一个持续的过程，不是一蹴而就的。目前还在初步形成过程中，这个过程中还存在一些问题，只要把这些问题加以解决，就可以加快构建新发展格局。

在“三新”中把握新发展格局

龚六堂

北京工商大学副校长，北京大学光华管理学院应用经济系教授、博士生导师，曾任北京大学习近平新时代中国特色社会主义思想研究院副院长、光华管理学院副院长、社会科学部部长，长期从事宏观经济政策、公共财政、经济增长和动态经济学以及相关领域的研究工作。

研究新发展格局，需将其融会于新发展阶段、新发展理念、新发展格局的逻辑整体之中，立足于统筹中华民族伟大复兴战略全局和世界百年未有之大变局的历史高度，予以理解、诠释与践行。“新发展阶段、新发展理念、新发展格局”正是党中央为应对“两个大局”同步交织、相互激荡而作出的系统性重大战略判断和战略抉择。

习近平总书记强调：“进入新发展阶段、贯彻新发展理念、构建新发展格局，是由我国经济社会发展的理论逻辑、历史逻辑、现实逻辑决定的。进入新发展阶段明确了我国发展的历史方位，贯彻新发展理念明确了我国现代化建设的指导原则，构建新发展格局明确了我国经济现代化的路径选择。”[①]

---

① 《习近平在省部级主要领导干部学习贯彻党的十九届五中全会精神专题研讨班开班式上发表重要讲话强调 深入学习坚决贯彻党的十九届五中全会精神确保全面建设社会主义现代化国家开好局》，《人民日报》2021 年 1 月 12 日。

一、“两个大局”的时代背景

当前，我国发展面临着新的内外发展形势。从国际环境来看，世界百年未有之大变局进入加速演进期。

一方面，和平与发展仍然是时代主题，但国际力量对比深刻调整。20 世纪 60 年代，发展中经济体与发达经济体占世界经济总量之比大致为 2∶8。截至 2019 年，根据 IMF 数据以购买力平价计算，发展中经济体占世界经济总量的比重已提升至 57.05%，而发达经济体占世界经济总量的比重下降至 42.95%。世界制造业增加值分布也呈现出类似调整趋势。20 世纪 90 年代，西欧的制造业增加值占世界份额为 19.4%，北美为 25.8%，亚太地区仅为 16.2%。截至 2020 年，西欧的制造业增加值为 1.32 万亿美元，占世界份额为 9.8%；北美的制造业增加值为 2.43 万亿美元，占世界份额为 18.1%；亚太地区的制造业增加值高达 6.18 万亿美元，占世界份额大幅增长至 45.4%；中国的制造业增加值为 3.85 万亿美元，占世界份额为 28.6%。这些数据变化说明世界格局呈现“东升西降”态势，正向多极化加速演变，中国也由原本的体系成长为联通发达经济体与发展中经济体的中间枢纽。

另一方面，自 2008 年国际金融危机爆发以来，世界经济陷入“低增长、低通胀和多风险”的困境中，经济全球化从高速推进期进入深刻调整期，民粹主义、排外主义抬头，单边主义、保护主义、霸权主义甚嚣尘上，特别是新冠疫情肆虐全球，更加剧了这一趋势，国际环境不稳定性、不确定性日益增强。从国内形势来看，我们前所未有地接近实现中华民族伟大复兴的目标。虽然我国经济发展前景向好，拥有继续发展的多方面优势和条件，但也面临着不少困难与挑战。我国发展不平衡不充分问题仍然突出，重点领域、关键环节改革任务仍然艰巨。结构性、体制性、周期性问题相互交织，加之外部环境影响与新冠疫情冲击，带来了前所未有的困难和挑战。

当前，我国已进入新发展阶段。就理论而言，这是社会主义初级阶段中的一个阶段，亦是经过几十年积累、站到了新的起点上的一个阶段；就历史而言，这是中华民族伟大复兴进入不可逆转的进程、实现大跨越的阶段；就现实而言，这是我国经济实力、科技实力、综合国力和人民生活水平大幅跃升，历史性地解决了困扰中华民族几千年的绝对贫困问题，全面建成小康社会后，朝着第二个百年奋斗目标进军的阶段。

进入新发展阶段，我国发展仍然处于重要战略机遇期，但机遇和挑战都有新的发展变化。危与机同生并存，要顺势而为，主动求变，方能化危为机，开辟新局。这要求我们增强机遇意识和风险意识，保持战略定力和战略自信，统筹发展和安全，全力办好自己的事。经济发展不应唯 GDP 论，但不等同于不要 GDP。应把握新发展阶段，贯彻新发展理念，构建新发展格局，从而努力实现更高质量、更有效率、更加公平、更可持续、更为安全的发展。

二、新发展阶段应对机遇与挑战的必然选择

改革开放以前，国内循环在我国经济发展中占据绝对主导地位。改革开放以来，国际循环在我国经济发展中的地位逐步提升。我国瞄准巨大的国际市场潜力，依托自身劳动力优势，从海外引进资金、技术、原材料等，以“两头在外、大进大出”的发展模式积极参与全

球价值链分工，以出口导向型战略深度融入国际循环。我国利用好全球化浪潮下相对友好的国际环境，依托前期形成的工业化基础，把握住世界第三次技术革命以及发达经济体产业全球转移所带来的宝贵机遇，实现了两轮（1992—1996年和2003—2007年）持续5年及以上、年均增速超过10%的经济腾飞。

然而，2008年国际金融危机爆发后，国际市场需求萎缩，海外消费能力锐减，投资意愿不足，我国经济增长愈来愈依赖于内需的驱动。从三大需求对GDP增长的贡献来看，排除疫情影响，2008年至2019年净出口对于中国GDP增长的贡献率平均为-5.06%。与之相对，最终消费对于中国GDP增长的贡献率自2008年的最低点44%后持续上升，至2019年年均贡献率达58.74%。

在这一阶段，国内经济约束条件也发生了深刻变化。劳动力、土地等要素成本明显上升，资源环境约束趋紧，最重要的是引领经济社会发展的第一动力——创新，培育不足。然而，在原有开放模式下，在国际循环中，我国既无法通过生产者驱动的链条学习核心技术，推动工艺革新，也难以利用消费者驱动的链条获取营销网络，促进品牌形成。

构建新发展格局，就是要凭借前期形成的完备的工业体系和庞大的消费市场，将我国经济发展的立足点由国际转向国内，通过超大规模的国内市场，有力促进自身核心技术的创新、工艺的提升、品牌的形成，通过生产革新创造、引领、满足更多新层次、宽领域的美好生活需求，同时为世界其他国家提供更为丰富的商品与要素选择以及更为广阔的市场空间，吸引全球优质要素资源在我国经济领域集聚，从而提升创新在经济社会发展过程中的核心地位，为我国全面建设社会主义现代化国家开创新局面。

三、坚持问题导向，发掘并打通制约经济循环的卡点堵点

习近平总书记在看望参加全国政协十三届三次会议的经济界委员时指出："着力打通生产、分配、流通、消费各个环节，逐步形成以国内大循环为主体、国内国际双循环相互促进的新发展格局，培育新形势下我国参与国际合作和竞争新优势。"① 这就要求各个环节都厚植优

① 《习近平在看望参加政协会议的经济界委员时强调 坚持用全面辩证长远眼光分析经济形势 努力在危机中育新机于变局中开新局》，《人民日报》2020 年 5 月 24 日。

势，补齐短板，打通堵点，协同发力。在生产环节，需筑牢制造大国地位，推动创新引领产业升级。在分配环节，需优化经济布局结构，提升人均收入水平，缩小收入分配差距。在流通环节，需深化要素市场改革，建设高效现代化流通体系。在消费环节，需立足人民丰富需要，深挖内需市场潜力。

具体而言，构建新发展格局的关键在于经济循环的畅通无阻。

当前，导致我国经济循环不畅的重大因素在于生产端与消费端的脱节。这是由于，一方面，受制于改革开放初期内需市场的发育不足，中国生产体系的供给能力与国际需求紧密结合，处于全球价值链中的加工制造环节，国内生产能力的扩张主要满足于国际需求的增长；另一方面，过于依赖国际需求，导致本土企业在海外市场上往往面临买方垄断，定价权缺失的背景下难以实现产业的迭代升级，导致随着人均收入水平的提升，国内居民的消费升级需求又向海外溢出，致使国内新兴中高端需求与本土生产间未能建立起融通互促的有效反馈机制。

这就要求我们把实施扩大内需战略同深化供给侧结构性改革有机结合起来，形成需求牵引供给、供给创造需求的更高水平动态平衡。

一方面，警惕我国在转型升级之前可能过早地出现

“去工业化”趋势；另一方面，着力解决原本与国际市场结合的重复产能尚未能实现高端突破，从而引发适配国内需求结构的创新升级问题。要以我国人民日益增长的美好生活需要为出发点和落脚点，推动科技创新和产业结构升级，通过收入分配改革，加强流通体系建设，把生产和消费有机结合起来，以强大生产能力支撑国内巨大市场需求，以国内巨大市场体量反哺生产转型升级，从而形成国民经济高质量发展的良性循环。

四、廓清观点、凝聚共识

要认识到构建新发展格局是一场需要保持顽强斗志和战略定力的攻坚战、持久战。构建新发展格局是我国妥善应对当前发展阶段、环境、条件变化，把握未来发展主动权作出的长期战略谋划，是对“十四五”时期乃至未来更长时期我国经济社会发展路径作出的重大调整完善。因此，构建新发展格局具有艰巨性、复杂性、持久性，更应增强现实践履的定力、耐力、潜力与动力。

要认识到构建新发展格局是开放的国内国际双循环，不是封闭的国内单循环。多年来的实践证明，中国经济发展成就是在开放条件下取得的，未来中国必须坚持更高格局的开放。以国内大循环为主体，并不意味着中国经济将故步自封、自我运行，与世界经济脱钩、走内卷化发展模式；而是利用内需潜力，更好地联通国内国际两个市场，更好地利用国内国际两种资源，建设更高水平开放型经济新体制，实施更大范围、更宽领域、更深层次的对外开放。

要认识到构建新发展格局是以全国统一大市场基础上的国内大循环为主体，不是各地都搞自我小循环。在实践中谨防全国各地各自为政、画地为牢，不关心建设全国统一大市场、畅通全国大循环，只考虑建设本地区的区域小市场、搞自己的小循环。全国各地应找准在新发展格局构建中的比较优势，鼓励率先探索建设的路径策略，发挥引领和带动作用。

牢固树立安全发展理念

韦　欣

北京大学习近平新时代中国特色社会主义思想研究院助理教授，北京大学光华管理学院经济学博士、博士后。研究方向包括政治经济学、区域与城市经济学、经济史等领域。

2015 年 5 月 29 日，习近平总书记在中央政治局集体学习时强调，要牢固树立安全发展理念。

深刻领会习近平总书记的重要论述，我们必须深入思考：能不能用经济代替政治，以全球共同发展代替全球政治斗争？对于这个重大的关键性问题，我们的学术研究要建立底线思维，要保持清醒头脑。

学术研究要从问题出发，而中国与世界所面临的最重要问题，就是政治与经济的问题，从和平发展到统筹发展和安全，这是我们准确把握新发展阶段、深刻理解新发展理念、加快推动新发展格局的关键所在，也是我们深入认识贸易和投资自由化这一问题的关键所在。

贸易和投资自由化是全球化的内涵，在此基础上，资本、技术、设备等在各国间传播，国家之间的比较优势发生变化。

改革开放以来，中国逐步以贸易大国形象走向国际舞台，并开始形成信息技术与设备优势，被以美国为首的利益相关国家视为战略竞争对手。为维护国家供应链和技术优势，防范他国贸易与投资威胁，美国逐步形成了国家安全审查体系，评估国际投资、贸易等的安全风险，并在近些年将中国作为主要审查对象。国际关系的背后是国家利益，国家通过投资、产业链、比较优势的动态变化博弈获得国家利益，因而国际投资的安全审查在地缘政治不断发酵的今天，政治化趋势越发明显。

20 世纪后半叶至 21 世纪初，日本、欧盟的多项国际投资项目受到美国安全审查而被迫停止，甚至美国以国家安全为由扩大管辖权，制裁跨国公司，干预自由化的商业活动，导致国家产业、基本经济发展受到负面影响。随着各国技术发展，国际供应链结构调整，中国的产业链升级必定会冲击美国保持技术优势带来的国家利益，进而面临包括贸易制裁、安全审查等在内的全面竞争。

因此，在习近平外交思想的指引下，本研究通过分析国家安全审查的政治化逻辑，以美国国家安全审查体系为例，梳理其负责组织的功能、发展历史、新时期特征以及影响因素，借助中国、日本、欧盟等国家和地区发生的审查和管辖案例，讨论中国如何主动应对国外的安全审查问题，并思考在国内建立以安全审查为核心的“防护门”体系，形成多层次、多手段的经济外交战略。

一、背景与问题

（一）从贸易顺差到总体均衡，要求中国深度融入经济全球化治理

改革开放以来，中国积极吸引外国投资，借助劳动力成本优势，形成外贸型经济，出口贸易成为国家经济发展的重要动力。全球经济数据库 CEIC 显示，中国长期保持贸易顺差，国家和个人都借此积累了相当的财富基础。但贸易顺差导致大量外汇资本流入，对人民币升值产生较大压力，持有美国国债成为以往保持汇率稳定、稳定出口贸易的主要措施。国际投资是稳定汇率、参与经济全球化的另一种方式。20 世纪末，国际直接投资快速发展。1990—2018 年，全球对外直接投资从 2438 亿美元增长到 10141 亿美元，超过了同期的国际贸易增长速度。随着中美关系不确定性增强，持有过高美国国债面临经济安全风险，因此选择扩大对外投资、

扩展投资领域成为中国积极融入经济全球化、保护人民币汇率稳定的重要方式。国家投资安全成为国家制定外交战略必须考量的因素。

国际贸易和国际投资是国际生产的主要组成部分，是全球价值链的基础，是中国产业链升级背景下参与全球经济治理的两大支柱。保护对外投资安全，有效防范外资风险，对促进产业升级、鼓励技术研发而言十分关键。相较于越南、泰国、印度等国，中国劳动力成本优势逐渐转移至中高端产业，产业升级势在必行。一方面，中国高端产业仍处于初生阶段，抵抗国外资本冲击的风险能力较弱，且关键领域和技术影响着国家安全与社会稳定的基础；另一方面，对外投资有助于稳定生产资料供给、商品出口市场，特别是包括先进技术在内的商业交流，提高对外投资收益以弥补外向型经济变革导致的贸易顺差降低，促进产业升级，实现国际贸易与国际投资的总体均衡。

（二）美国安全审查政治化、扩大化，中国对外经济面临审查风险

美国逐步建立完善的国家安全审查体系，通过国会立法、行政命令、司法体系，依靠金融、军事、情报等

方面的国际霸权构建立体化、弹性化的审查系统。美国安全审查政治化和扩大化的倾向越发明显。在受益于经济投资、贸易自由化时，美国较少干预外国投资与贸易，享受自由化带来的社会收益；当获益降低、国家经济萎靡不振、国家比较优势下降时，美国为保护国家利益，便会利用各种行政、司法工具审查其他国家的商业行动，将其政治化，进而采取制裁措施，收紧国家安全审查，从而保护产业和技术优势，维持国家霸权地位。

在国际范围内，随着美国国家安全审查的政治化趋势增强，欧盟、日本等发达国家或地区对应建立审查体系，势必会影响中国正常的对外经济活动。以投资为例，2020 年中国投资流入和流出均居全球第一。与此同时，中国对美投资频频遭受美国国家安全审查，2012 —2017 年连续 6 年成为接受美国国家安全审查最多的国家，且 2005 年以来经由美国总统否决的外国投资大部分来自中国，2017 年中国对美投资从上一年的 169.8 亿美元大幅滑落 62.1%，至 64.3 亿美元，其中很大的因素在于美国加强了对中国投资的国家安全审查。①

① 参见中华人民共和国商务部、国家统计局、国家外汇管理局：《2017 年度中国对外直接投资统计公报》；中华人民共和国商务部：《中国外资统计公报（2018）》。

此外，中国对其他国家的投资也受到美国国家安全审查的影响。在中国对外经济实力不断提升，具备了参与全球投资治理的实践基础时，也面临着更多与美国的经济利益冲突以及对应的安全审查风险。

为保护国家安全发展，持续推动对外开放，中国需要有效应对以维护国家政治安全为目的的安全审查，形成国家安全审查体系，识别外国投资风险，破除产业升级威胁，营造良好的投资环境，这需要在习近平外交思想的指引下搭建外交战略框架，主动应对国家安全审查挑战。

二、国家安全审查的政治化逻辑

（一）国家投资与贸易影响国际政治格局

国际关系建立于国家利益基础，受到国家权力和经济的双重影响。1975 年，罗伯特·吉尔平在《跨国公司与美国霸权》中强调了对外直接投资会影响国际政治与经济秩序。跨国公司是国家投资与贸易的主体，从跨国经济的海外扩张来看，其立足于国家实力的增强，建立在不断积累的国家财富基础之上，受保护于具有广泛影响力的国际话语权。

国际贸易和投资自由化的基础在于维护国家利益。在国际供应链分化的背景下，依附论学者指出，不发达国家处于产业链中下游，受制于发达国家经济的发展与扩张，且因为供应链“规锁”而被迫长期依附，甚至掉入中等收入陷阱。[①]经济全球化有助于贸易和投资自由化，跨国公司出现从技术—工业统治转向不发达国家内部市场的工业部门投资，有利于经济和技术创新的传播。同时，跨国公司的对外投资与技术转移均是以利益为基础，希望寻求更低的生产成本，而且跨国行为者能够在世界事务中扮演更重要的角色，是因为他们这样做符合霸权国家的利益。此外，随着国际经济交流日益密切，本国的意识形态与文化精神会受到影响，甚至国家控制产业基础、关键技术等安全要素的能力都会下降。[②]

国际贸易和投资自由化不可避免地会动摇霸权国家力量的基础。根据技术创新产业升级理论，发展中国家借助外国投资带来的经验、技术等，经过长期学习与积累，逐步从传统产业转向高技术产业，并依靠已有

① 参见关雪凌、张猛：《发达国家跨国公司是如何为国家利益服务的——跨国公司的政治经济学分析》，《政治经济学评论》2014 年第 3 期。
② 参见吕红岩：《冷战后跨国公司与国际政治关系研究》，山东师范大学硕士论文，2009 年。

优势，将本国投资从发展中国家转向发达国家，以期实现产业升级与转型。[①] 比较优势促使国家之间进行贸易，从而增加贸易伙伴的国民财富，为了不破坏贸易收益，会建立合作关系来促进和平。但比较优势依赖于资源禀赋，随着国家发展会出现两种方向：一是比较优势强化，即持续依靠比较优势获得收益；二是比较优势变化，即经济发展或升级带来新的发展需求与禀赋，从而产生差异化的比较优势，并持续冲击原有的国际分工。历史地看，后者是经常发生的，因为一旦获得经济收益，国家会通过经济收益逐步向具有更高收益的产业链顶端进军，从而威胁原有国家的产业地位。

（二）地缘政治格局下国家对外经济安全的不确定性增强

随着地缘政治格局的变化，多种因素增强了全球化进程中的不确定性。贸易与投资在国家之间形成了独特的国际关系，并以跨国公司战略决策的形态，同时陷入地缘政治和国际市场博弈中。特别是在关键行业或领

① 参见高薇：《国际直接投资理论的演变及其对中国的启示》，吉林大学博士学位论文，2011 年。

域，如关系国家战略的能源产业，商业与政治的区别便不再明显，且商业关系往往可以成为大国博弈的关键策略。俄乌冲突加剧紧张的地缘政治乃至战争，使得欧洲能源进口国家感到不安，西方国家能源价格上升威胁着基本的生产生活秩序，从而影响欧盟乃至全球国家的政治与经济决策。跨国公司以及其他类似行为主体的运作、策略是否成功，都取决于特定的政治关系模式。①

美国国家安全审查带动了英、法、德等国家的国家安全审查的力度增强与范围扩大。美国在20世纪70年代逐渐建立了外资安全审查制度，并通过《赫尔姆斯—伯顿法》加大单边制裁力度。根据美国财政部2021年10月的审查报告，美国财政部的制裁数量从2001年的912起增加到2021年的9421起，增长了933%，过去20年里制裁数量呈现疯狂增加的趋势。而长期保持宽松审查的欧洲国家，在近些年再度掀起贸易投资保护主义，以“国家安全”为由，为增加与其他国家对外开放谈判的筹码，扩大国际投资规则制定话语权，加强外资安全审查，干预投资与贸易自由。欧美国家的安全审

① 参见黄河：《国际政治经济学视角的跨国公司理论：基于文献述评分析》，《上海商学院学报》2013年第3期。

查已延伸到传统国家安全行业，将基础设施行业和高科技行业列入重点关注行业，美国借助扩大基础设施行业范围，几乎覆盖了多数行业领域，而判定标准不明确、安全范围扩大使得国家对外经济安全的不确定性大幅上升。

（三）国家安全审查保护国家利益的政治与外交诉求

投资与贸易始终无法摆脱国籍，必然涉及两国间的政治因素，因为这是母国和东道国获取经济利益的重要手段。[①] 从经济角度看，美国跨国公司将过剩资本与成熟技术对外转移，以利润或价格转移的方式获取经济收益，并再度支持技术与产品创新，促进经济持续升级；同时积极参与国际贸易，以技术利润享受全球产品，并实现国际贸易与投资的总体收支平衡。而美国跨国公司的全球扩张是国家实力强大的表现，美国在全球的政治地位为其经济版图奠定了基础，从而以安全审查保护本国企业免受竞争对手的强烈冲击，支持跨国公司以对外

① 参见张健：《经济高速增长时期日本对美国的经济外交》，《日本学刊》1996年第2期。

直接投资为载体直接服务于美国的国家利益，[①] 为母国经济增长和国际竞争力、话语权的增强贡献力量。

国家安全审查是兼具政治属性与经济属性的外交举措。联合国贸发会议《1999年世界投资报告》将对外直接投资定义为“涉及长期关系的投资”，“利益控制”的内涵十分突出，这意味着国家投资会深刻影响国际利益布局，从而诱发相应外交活动。一方面，国家外交服务于经济目的；另一方面，经济外交本身是具有经济属性的外交方式。安全审查、投资与贸易协定以及领导人访问等都是能够发挥政治功能、经济效果的外交方式。国家安全审查可用于监督和审查外来投资，保护本国的产业链与经济安全，同时也可以作为外交手段，用于协商谈判乃至制裁，以消除东道国设定的投资壁垒，减少保护主义壁垒，并要求对方政府保护本国投资安全。

① 参见关雪凌、张猛：《发达国家跨国公司是如何为国家利益服务的——跨国公司的政治经济学分析》，《政治经济学评论》2014年第3期。

三、霸权护持下
美国立体化的安全审查体系

（一）美国国家安全审查的发展历史

美国国家安全审查为在不同时期保护本国利益，具有较强的灵活性，整体可以分为三个阶段，分别是萌芽阶段、形成阶段与成熟阶段。[①] 基于国家安全的审查行动与法律规范等经历演变，政治化和扩大化倾向突出，美国成为国家安全审查政治化的主要国家。

在萌芽阶段，美国受益于投资自由化，且自二战后近 30 年内长期是资本输出国，几乎可以操控全球贸易与经济，因此美国推崇对外开放，鼓励本国的跨国公司对外投资，同时以此维护全球经济霸权。尽管如此，美国一直对特定领域保持敏感，如航空、无线电、银行业等。20 世纪 70 年代后，美国设立外资投资委员会（CFIUS）以评价外国投资对美国国家安全的影响，制定相关法律赋予政府部门审查权力，但未明确安全审查责任归属、审查程序与手段等，诸多措施仍然是国务

① 参见陈云东、冯纯纯：《美国外国投资国家安全审查制度解析与应对》，《湖南科技大学学报》（社会科学版）2018 年第 3 期。

卿与财政部、商务部以及国防部等部门制定，并协调应对的外交政策，但也间接保护了美国开放投资与贸易的国际形象。此外，在商业领域，美国于 1977 年颁布了《反海外腐败法》（FCPA），以防止贿赂等腐败行为，重树美国在全球商业中的形象。

在形成阶段，美国围绕国家安全审查条款，补充实施细则以及行政命令，用以提高国家安全立法的操作性。伴随着全球经济的发展，欧洲国家和日本逐步从战后恢复经济，如日本 1985 年签署“广场协议”后大幅增加对美国投资，而美国因为石油危机等面临经济萎靡，与他国的比较优势缩小。美国为引进国外投资、刺激国家贸易以促进经济发展，同时防范对国家安全的威胁，着手制定并颁布国家安全审查条款《埃克森—弗罗里奥修正案》（Exon–Florio Amendment）。为扩大国会在审查中的信息知晓权，罗伯特·伯德（Robert Byrd）提出的《伯德修正案》中增设了强制调查程序，为美国强制调查由外国政府控制或代表外国政府行事的人在美国兼并、收购或接管提供了法律依据。[①]

① 参见朱广平：《美国外国投资国家安全审查制度研究——以其对中国企业的启示为视角》，外交学院博士学位论文，2016 年。

在成熟阶段，新兴经济体的快速发展，欧盟一体化水平提升引发了美国新一轮的国家安全担忧，美国借此专门立法，形成了包括国会立法、行政命令、实施细则、审查指南组成的国家安全审查体系。

经过九一一事件，美国国家安全审查的范围从国防扩大到诸多非传统安全领域，如电信、交通运输、能源、金融、信息技术、食品等。

在投资领域，2005 年中海油竞购美国尤尼科、2006 年阿联酋迪拜世界港口公司收购英国半岛－东方航运公司六大港口运营权等并购案，引起美国政府对国家安全的警惕。

美国在 2007 年出台了《外国投资与国家安全法》（FINSA），全面修订了投资审查的对象、原则和方案等，借助行政命令规范了 CFIUS 的职责，推出指南以指引审查行动。

2018 年出台了《外国投资风险评估现代化法案》（FIRRMA），专门针对中国投资作出规定，同时提出如投资交易涉及一个特别关注的国家，该交易的战略目标是获得可能影响美国在国家安全相关领域的领先地位的关键技术或基础设施，则该交易将受到审查。

（二）美国多层次的国家安全审查体系

国会立法是美国安全审查的主要依据。外资投资委员会的审查权法定、成员构成细化为美国专业、全面审查外国投资提供了有力保障。而美国司法部、财政部借助行政命令与实施指南灵活调整审查范围与标准，绕过国际法原则，不断扩大管辖权解释范围，扩张安全审查权力，从而形成了专业化、多层次的国家安全审查体系。

1977 年《反海外腐败法》颁布，以防止美国公司及个人以行贿等不正当方式获取商业利益，而后在 1988 年出台的《综合贸易和竞争力法案》第 5 章“1988 年外国腐败行为法修正案”中纳入外国公司或个人的腐败行为，并在 1998 年再次修订《国际反贿赂与公平竞争法》，以实施经合组织（OECD）的反贿赂公约，逐步将受管辖对象扩大为：（1）在美国设立或主要营业地点在美国的实体及其管理人员、董事、职员或代理人或代表该发行者行事的股东；（2）在美国境内发行证券的发行人及其管理人员、董事、职员或代理人或代表该发行者行事的股东；（3）在美国领土内从事海外贿赂行为的外国人或外国实体。司法部负责解释和执行该法案，外国人或外国实体在美国领土内实施的海外贿赂行为会受到FCPA的管辖，这属于属地管辖原则，但这一原则可能被美国司法部作出扩大解释，从而实现长臂管辖。在阿尔斯通案中，美国司法部便借助扩大解释，以最低联系原则抓捕并调查了阿尔斯通的高管皮耶鲁齐，再借助情报优势明确腐败细节，判阿尔斯通偿付巨额罚款，最终导致这一法国能源与交通的核心企业被美国通用电气收购。此外，“301调查”、《反海外腐败法》提供了执法的实体依据，而《爱国者法案》《云法案》等法案则为美国各类情报机构在全球范围内搜集证据提供了法律依据。《爱国者法案》赋权美国政府部门，可以借助反恐的名义，大规模地监视外国企业及其员工。

1988年出台的《埃克森—弗罗里奥修正案》名为“审查特定兼并、收购和接管的权力”，确立安全审查框架，内容涉及审查对象和程序、信息保密、总统行动、总统发现、国家安全考虑因素、向国会报告、制定实施细则、与其他法律的关系八个方面，[①] 为美国外资投资委员会审查投资提供了最初的法律根据；1992年《伯德修正案》中增补两项国家安全考虑因素，新设强

① Omnibus Trade and Competitiveness Act of 1988, Public Law 100-418-AUG. 23, 1988, Sec.5021, 102 Stat. 1425-1426.

制调查程序，并且审查开始强调投资者是否为政府所有，且审查标准也降低为“可能影响国家安全”；2007年FINSA第一次以专门法的形式明确了投资安全审查，引入了“重要基础设施”“关键技术”等概念，同时增设了单边启动审查和风险减缓等程序，使得美国单方面扩大安全审查范围具有合法性。[①]2018年FIRRMA再度更新审查体系，进一步扩大受管辖交易范围，建立国家安全审查基金，创设“双层”提交机制以提高审查效率，尤其是变更“特别关注国家”表述，弱化为制定细则明确审查“外国人”的定义，既绕过了国际投资法的非歧视原则，也没有改变针对中国与俄罗斯的审查实质。[②]

国家安全审查机构专门化、法定化。美国外资投资委员会是开展投资安全审查的负责机构，在美国国务卿以及财政部、司法部、国防部等组织机构的支持下，逐步从监测外国投资的顾问机构变为具有法定审查权限的专门机构。这表明在国会立法监督下，CFIUS的独立性增强，虽然可能会存在因为国会与政府间的博弈而提高

① Foreign Investment and National Security Act of 2007, Public Law 110-49-JULY 26, 2007, 121 Stat. 246-260.

② The National Defense Authorization Act for Fiscal Year 2019, H.R. 5515, Title XVII Subtitle A.

审查的不确定性，但总体有利于避免总统及其对外政策单方变化产生不良影响。具有国家安全审查权力的部门不断增加。以 CFIUS 为例，1975 年仅有财政部部长、商务部部长、国务卿、国防部部长、国际经济政策委员会主席和总统经济事务助理 6 位，到 2007 年时共有 16 个常规成员，能源部部长、劳动部部长、国家情报局局长和总统国土安全与反恐事务助理等都在增设之列，同时总统还有根据投资交易情况增加额外成员的权力。审查成员的增加与美国国家利益紧密相关，科技、能源、经贸、司法、情报等都能为安全审查提供支持，这意味着美国将在更多领域和层次考虑外国行为是否会对国家安全产生消极影响。此外，国家安全审查机构具有审查更多受管辖交易、延长调查时限、审查期间中止交易和单边启动审查的权力，审查的权力范围随着国家安全概念的延伸而扩张，中国的对外经济将面临更多潜在安全审查风险。

（三）美国国家安全审查的影响因素

美国国内的政治经济情况、党派利益变化以及商业竞争等，国际秩序与格局、世界经济变化都会影响安全审查。但总体来看，服从于美国国家发展优势、维护全球霸权的国家利益，美国越发倾向于加强对战略竞争者的国家安全审查。

美国国家安全战略通过“国家安全”的内涵和外延来影响审查决策。如克林顿强调经济优先在国家安全中的地位，因此在 1993 年增加了科技政策办公室主任等三名外资投资审查成员；特朗普强调关键技术、重要基础设施、网络数据等对国家安全的意义，因此将安全审查范围扩大到以上领域，甚至突破审查对象识别标准，将不构成“控制”但涉及以上领域的外国投资纳入管辖范围。此外，美国政府的安全风险识别变化扩大审查范围，特朗普不仅重视军事基础，同时强调大国竞争中的经济安全，加大了对中国等竞争对手的安全审查，2017 年和 2018 年便有十余个中国投资项目因审查而失败，如 TCL 收购 Novatel Wireless、海航集团收购 Global Eagle Entertainment、华信能源收购 Cowen、深圳能源收购锡安项目等。[①]

此外，美国重视国防安全以维护军事霸权，强化

① 参见《赴美收购频频受阻，中国境外收购路在何方？》，搜狐网 2018 年 2 月 27 日。

相关领域的投资与贸易审查。如 2017 年 Canyon Bridge 收购 Lattice Semiconductor 因其制造的可编程逻辑芯片通常被用于军事通信而遭否决，[①]2018 年湖北鑫炎收购 Xcerra 因涉及军方供应链而被阻止。[②] 随着数字时代发展，网络技术有利于推动美国科技创新，同时带来了政治、经济与安全风险，因此特朗普政府强调网络数据安全的重要性。蓝色光标收购 Cogint 因涉及大量美国用户消费数据而遭阻止，[③]CFIUS 强化对涉及网络信息安全外国投资的审查，甚至不惜强制要求已经完成交割的投资剥离相关资产，如 CFIUS 在 2019 年 3 月命令北京昆仑万维科技和深圳独角兽公司碳云智能出售其各自持有的 Grindr 和 Patients Like Me 股份。

美国党派政治通过府会博弈、国会控制权争夺等影响安全审查。从地方到联邦政府，乃至国会，美国两党议员的主张很大程度上影响着国家安全审查的最终走向。尽管党派不会直接干预安全审查，但国会主动运用法定审查监督权干预政府对外政策主导权，具体表现为

① 参见陈健：《特朗普政府阻止中国企业收购美国莱迪思半导体》，环球网 2017 年 9 月 14 日。
② 参见张晓庆：《湖北鑫炎收购美国半导体测试设备商 Xcerra 遇阻 双方将寻找替代方案》，每日经济新闻 2018 年 2 月 24 日。
③ 参见王礼迪、丁舟洋：《海外收购遇美国监管层拦路，蓝色光标买美股上市公司生意告吹》，每日经济新闻 2018 年 2 月 26 日。

变更法定审查时限、改变审查决定、影响审查倾向等。在 2005 年中海油竞购尤尼科案中，参众两院以能源法修正案禁止美国外资投资委员会在完成中国能源需求增长对美国安全影响前结案，导致该交易审查时间达到了 141 天，[①] 远超《埃克森—弗罗里奥修正案》规定的 90 天，最终中海油在大幅增加的投资成本面前被迫放弃交易。此外，在 2006 年迪拜世界港口收购英国半岛 - 东方航运公司六大港口运营权一案在 CFIUS 已经批准交易的情况下，众议院拨款委员会以 60∶2 的投票结果通过一项议案禁止了该项交易，[②] 改变了 CFIUS 最初的审查决定。美国民主党与共和党两党能否在选举中获得参众两院的多数席位，决定了国家安全审查的预期性，当总统与参众两院多数党的党派一致时，国会与总统的对外经济政策、主张接近，因此超出预期的安全审查可能性较小。当然，在野党也可借助包括智库、基金会、NGO 、新闻媒体等方式调动和引导民众，影响审查走向。

但随着中美关系逐步走向对立，无论是民主党还是

① Edward M. Graham and David M. Marchick , "US National Security and Foreign Direct Investment" , *Institute for International Economics* , 2006, p. 133-134.
② Edward M. Graham and David M. Marchick , "US National Security and Foreign Direct Investment" , *Institute for International Economics* , 2006, p. 140.

共和党，均坚持抵制中国的直接投资，限制中国的国际贸易与产业升级，特别是在高精尖技术领域。美国在2018 年 3 月发布的“301 调查”报告中，指责中国在非市场因素的推动下进行投资，以收购美国公司和资产，寻求获得尖端技术。

美国行业组织、大型企业和工会等利益集团干预审查决策。开展国家安全审查势必会影响部分人群的政治、经济与安全利益，因此相关利益者会通过游说、选票、税收、竞选支持等各种手段施加影响。

比如，美国石油产业集团介入中海油竞购尤尼科，美国国会钢铁连线以就业、税收等干预 2010 年鞍钢集团在密西西比州的建厂，美国钢铁工人联合会影响了忠旺集团 2017 年收购美国爱励铝业。

在法国阿尔斯通收购案中，通用电气的跨国公司利益与美国国家安全利益一致，这使得通用电气可以击败其他竞购商，在阿尔斯通面临美国司法部的巨额罚款时，将其纳入囊中。

在反腐败案发生前，阿尔斯通被誉为“法国的工业明珠”，负责法国境内 58 座核反应堆的所有汽轮发电机的制造、维护和更新工作，为阿海珐集团在弗拉芒维尔建造的欧洲压水堆生产阿拉贝拉型号汽轮机，还负责法国75%的电力生产设备，是本土的高度战略型企业。

阿尔斯通曾计划与中国上海电气合作成立合资企业，2010年双方锅炉业务累计销售额达到25亿欧元，新的合资公司将主要从事燃煤电厂的重要组成部分——锅炉业务，该企业有望成为全球燃煤发电的领军者。

从全球经济角度看，合资行为严重威胁到美国通用电气公司的经济利益，同时有可能降低美国在煤炭、电力等能源行业的影响力。

关雪凌和张猛认为，跨国公司主导国际分工从产品分工转化为价值链分工，并借助后者影响财富的全球分配，以增加母国财富，从而与母国形成利益共同体。[①]

由此便可以理解，在阿尔斯通收购案爆发后，美国司法部借助《反海外腐败法案》与域外管辖权，审判该公司腐败行为并判处高额罚款，允许美国公司进行收购的行为动机了。美国诸多利益集团都可以通过游说审查主体、引导公众舆论、炒作审查议题等方式间接影响审查功能、风险评估和认定、审查力度和尺度乃至侧重与

① 参见关雪凌、张猛：《发达国家跨国公司是如何为国家利益服务的——跨国公司的政治经济学分析》，《政治经济学评论》2014年第3期。

倾向等方面，导致美国国家安全审查的不确定性较高。

四、中国应对国家安全审查的外交战略

中国始终坚持对外开放，深度融入贸易和投资全球化。特别是在践行“一带一路”倡议的背景下，以跨国公司增加为表现的对外投资增加，成为中国影响国际市场的“新常态”。在国际贸易和投资中，中国不再只是单纯的资本输入国和贸易出口国，同时是对外投资母国与进口国，兼具双重身份。

以美国为代表的国家安全审查政治化，本质上是以贸易和投资保护主义替代自由主义，以“国家安全”为由限制外国投资以保护本国产业，使中国对外经济发展面临更多不确定性。

为此，中国要调整外交战略，以保护贸易和投资安全、促进经济持续发展为目标，在人类命运共同体理念指引下，加快构建和完善双边投资与贸易协定以突破国家安全审查，熟悉安全审查逻辑并主动干预关键利益方，同时建立起本国的安全审查体系作为外交手段之一，事先布局安全保障措施，为国际贸易与投资的良性

互动奠定基础。

（一）中国对外投资与贸易的产业分布特征

在国际投资方面，根据《2020 年度中国对外直接投资统计公报》，中国对外直接投资存量主要分布在租赁和商务服务业，占比 32.2%；其次是批发和零售业；而信息传输 / 软件和信息技术服务业是中国自然人对外投资较为集中的领域，以 11.5% 的比重位列第三，计算机 / 通信及其他电子设备制造等制造业领域占比 10.8%。此外，金融业、采矿业、房地产业分别占比 10.5%、6.8% 和 3.2%。

具体来看，在经济全球化、利率市场设定和人民币国际化以及国际竞争日益激烈的背景下，中国金融业正在积极稳步地使其业务活动全球化，中国证券、保险和其他非银行金融机构积极寻求海外收购。在 2012 年之后，中国的房地产企业开始大规模走向全球，美国、澳大利亚和英国一直是中国房地产公司在海外开展业务的重点领域。根据商务部统计数据，中国 2021 年实际使用外资金额 11493.6 亿元人民币，同比增长 14.9%（折合 1734.8 亿美元，同比增长 20.2%，不含银行、证券、保险领域）。其中，高技术产业和服务业引资增长较快，高技术产业实际使用外资同比增长 17.1%。其中，高技术制造业增长 10.7%，高技术服务业增长 19.2%。服务业实际使用外资金额 9064.9 亿元人民币，同比增长 16.7%。

在国际贸易方面，机电产品和高新技术产品的出口继续大幅增长。

其中，机电产品出口额为 12.8 万亿元，增长 20.4%，占出口总额比重为 59.02%；高新技术产品出口额总体增长强劲，达到 63266 亿元，增长 17.9%，占出口总额比重达到 29.11%。此外，劳动密集型产品（包括箱包、服装、鞋靴、家具、玩具等）的出口量和出口额也保持着较高增速。

农产品进口额仍非常高，达到 14209 亿元，占进口总额比重达到 8.18%。

中国是能源的主要消费国，有限的国内石油储量，给油气资源带来了巨大压力，因此 2021 年资源能源类产品的进口额普遍较大。但是，事实上进口量增幅并不明显，部分产品甚至有所下降。其中，铁矿砂及其精矿进口额达到 11942 亿元，增长 39.6%，但是进口量下降 3.9%；铜矿砂及其精矿进口额达到 3669 亿元，增长 45.5%，进口量增长 7.6%。

在基础制造领域，机电产品进口额为 73657 亿元，增长 12.2%，占进口总额比重为 42.4%，如半导体器件、集成电路、飞机的进口增长较快。

综合来看，在国家安全审查日趋政治化、扩大化的国际背景下，中国亟须主动应对以突破安全审查，借助国际投资与贸易，加快产业升级，提高高技术制造业发展水平，降低对精密仪器、基础制造的国际依赖。此外，也要防范美国等粮食贸易大国通过国际投资与贸易威胁中国的粮食供给安全问题。

（二）熟悉国家安全审查特征，构建风险预警系统

无论是美国还是欧盟，维护利益是启动国家安全审查程序的根本出发点。正因如此，美国、欧盟在安全审查方面具有不同的特征。如欧盟不具备美国的军事力量、货币和金融权力，无法在贸易与投资保护上与美国相抗衡；同时，欧盟需要考量如何团结成员国一致执行安全审查策略。通用电气收购阿尔斯通时，法国还在使

用1996年颁布的《阻断条例》，欧盟成员国对《阻断条例》的执行不力与美国当局的激进执法政策和高额罚款形成鲜明对比。因而，中国要事先熟悉主要对外贸易与投资国家的安全审查特征，包括主要利益集团观点、审查程序与时限、审查主体和法律基础等，从而相应构建安全审查风险预警系统，一方面及时提醒可能存在的对外投资与贸易风险，评估主要国家出台或更新审查法案对中国的潜在风险，做到预先准备，预先处置；另一方面也作为本国的外交手段，针对外国安全审查中的关键程序制定外交战略，应对以国家安全为由的审查。

如在欧盟外资审查法案的颁布过程中，媒体、智库等对中国外资冲击论的推波助澜，导致中国投资对经历欧债危机后的欧洲人产生以远超原本客观投资态势的心理影响，进而使欧盟与英国外资安全审查加速推出。对此，中国就应当从欧洲价值观念着手，通过科学研究、理论分析、媒体宣传等为中国对外投资正名，同时在粮食安全、制造安全保障下逐步推动贸易平衡，以人类命运共同体理念推动利益平衡，提升中国的国际形象。再者，中国可推出针对对外投资或贸易的国家安全审查指南，加强对出海企业的培训与指导，帮助国内企业积极熟悉东道国投资安全审查体系。在诸多安全审查案例中，美国产业资本具有足够的能力，集中政治力量要求对中国跨国公司开展安全审查；反过来，中国面对安全审查问题，也可以采取主动措施，开展主动游说、合作经营等方式，以利益共享方式干预关键利益群体的观点，从而控制安全审查风险。

（三）积极构建双边协定，强化本国的国家规制权

无论是投资领域还是贸易领域，双边或者多边协定都是国家间制定、用以保护本国公民在对方国家开展投资与贸易活动的条约，在国际法层面能够一定程度上“钳制”对方国家滥用安全审查法案。双边投资协定（Bilateral Investment Treaty，BIT）是国际上应用最为广泛的国际投资协议形式，主要经济功能是充当东道国政府的承诺工具。其中，根本安全例外条款是开启安全审查的基本依据，如不明确该条款，则会为实施国家安全审查保留机会。因此，在重启中美投资协定、推动中欧投资协定谈判落地时，要充分明晰国家安全审查的相关内容，包括安全内涵、管辖对象、审查范围等，防止其

他国家或地区在经贸问题上施以国家安全审查，同时增强国家安全审查的可预期性，并规避美国、欧盟等对中国对外经济设置的障碍。

强化国家规制权，关注威胁本国安全的外国投资。中国长期以来在投资协定中的“涵盖投资”条款上遵循国际通行的缔约实践，以宽泛的定义释放出开放保护外资的积极信号，但如果大量商事活动被认定为“涵盖投资”从而被予以投资保护，中国作为东道国的正当规制权将受到极大干扰和限制。《全面与进步跨太平洋伙伴关系协定》（CPTPP）[①]、《加拿大—欧盟全面经济和贸易协定》（2016）（CETA）[②]要求“涵盖投资”限定在现有的外国投资和已经被东道国接受的且遵循当地法律等设立、获取或者扩大的投资。目前，《区域全面经济伙伴关系协定》（RCEP）明确规定“涵盖投资”要符合“承诺资本或其他资源的投入”“收益或利润预期”“风险承担”三个要素，[③]从而较大程度上强化了本国对外国投资的规制权，为后续其他双边或多边协定中保护本国的正当规制权、防范来自外国的安全风险提供了借鉴。

① 参见 CPTPP 第 9.1 条。
② 参见 CETA 第 8.1 条。
③ 参见《区域全面经济伙伴关系协定》第 1 条第 3 款。

（四）建立国家安全审查系统，制定多层次外交战略

中国已初步建立起外国投资安全审查体系，并主动参与全球投资与贸易治理。2020 年 1 月 1 日，《中华人民共和国外商投资法》正式实施，同时《中华人民共和国外商投资法实施条例》和《中华人民共和国优化营商环境条例》《最高人民法院关于适用〈中华人民共和国外商投资法〉若干问题的解释》以及商务部、市场监管总局联合制定的《外商投资信息报告办法》也于当日实施。2020 年实施的《中华人民共和国外商投资法》第 35 条中规定我国应当建立外商投资国家安全审查制度，但对于制度应当如何构架并没有给出具体明确的意见，中国的国家安全审查系统尚未形成完备体系。①

在应对复杂问题时，“部际联席会议”工作机制并非尽善尽美，且美国 2007 年便以法律形式强调了外资投资委员会独立机构的合法地位。因此，中国在面对国际上日益政治化的安全审查时，要借助专设机构提高国

① 参见邹敏：《中美外商投资国家安全审查比较与借鉴》，《合作经济与科技》2020 年第 6 期。

家安全审查系统的专业性和集中性，定期收集和报告存在安全风险的投资或贸易行为等。美国开展安全审查要求自主申报与强制审查结合，且持续完善的法律法规以及多次修订的《反海外腐败法》《爱国者法案》《云法案》等为美国在全球搜集证据提供了支持。中国也应当加强配套法律、行政法规的建立与完善，同时可在不同领域设置不同的审查标准，对审查制度的具体内容以及审查程序作出细化规定，多层次地设置“安全防护门”。

加强安全审查与制裁的反制，制定多层次的外交战略。要推动人民币国际化，削弱美元在金融体系的核心地位，具体包括借助贸易优势，在“一带一路”等多边贸易中要求使用人民币结算，加强碳中和发展，逐步加强绿色金融、碳交易、新型能源等美元尚未主导的领域。为应对美国的审查与制裁行为，欧盟于 2021 年 12 月 8 日发布《关于保护联盟及其成员国免受第三国经济胁迫条例（草案）》，意在打击所谓的第三国经济胁迫行为。中国可借鉴该条例背后的战略意图，通过建设国家安全审查体系，对稀土等重要资源和技术的出口以及投资等开启安全审查，以作为反对外国审查的手段。

五、总结与讨论

回顾历史，在新自由主义政策盛行期间，发达国家作为主要的资本输出国，以强大的经济、金融和军事实力，限制东道国规制权，推行投资和贸易自由化。这一时期中国作为资本输入国和发展中国家，在外资准入、外资管理、外资待遇水平等方面采取较为保守的立场，鼓励引进外资与扩大出口。1998 年前后，中国开始实施“走出去”战略，开启了资本输入国向资本输入国和资本输出国双重身份的深刻转型，外交逻辑应由“利益交换”转向“利益平衡”。[①]

中国的利益是世界利益的一部分，习近平外交思想是习近平新时代中国特色社会主义思想的重要组成部分，中国积极研究主要国家的安全审查体系，主动控制审查风险，制定多层次的外交战略，有利于保护中国海外投资的公平地位，消除贸易与投资保护主义，防范外国投资对国家安全的威胁。

国际投资、贸易与国家政治与经济诉求紧密相关。

① 参见刘京莲：《从“利益交换”到“利益平衡”——中国双边投资条约缔约理念的发展》，《东南学术》2014 年第 3 期。

在地缘政治格局变化之下，逆全球化相伴的单边主义、投资保护主义思潮再度兴起，美国、欧盟等国家和地区以保护国家安全为由，相继采取安全审查措施，阻碍中国等诸多发展中国家的产业发展与升级，将安全审查、长臂管辖等政治化为战略竞争手段，导致有利于全球经济增长的国际投资与贸易面临重重障碍。美国国家安全审查体系与域外制裁等依靠其强大的金融、技术以及军事优势，通过持续修订安全审查法律、设立专门机构、扩展审查和管辖范围，建构起一套能够主动打击外国投资、限制国际商业的安全审查体系。在美国国家安全战略将中国视为战略竞争对手，民主党与共和党将中国视为利益争夺方时，中美之间的经贸摩擦、投资活动受到该审查体系的多方面掣肘。

中国应当重视日趋政治化的国家安全审查与域外制裁，明确国家在贸易、投资、金融、制造等领域的短板与长处，针对性制定本国的国家安全审查战略。包括熟悉不同国家和地区的安全审查特征，从价值宣传方面重塑中国投资贸易有利于全球发展的国际形象，并加强人民币国际化，借助“一带一路”等打开对外投资与贸易局面，增强中国在全球经济治理中的话语权；重视多边协定，加快“走出去”战略实施，更有效地在外国投资者保护和东道国政府规制权之间达成有效平衡，以人类命运共同体理念推动国际投资与贸易规则重回自由主义。此外，在安全审查强化的时代，更要强调道路自信与理论自信，重视创新研究，在更多领域强化核心技术和产业领域的产业链主导权建设，提升中国产业发展安全水平。

在新发展格局中防范化解重大风险

陈　佳

北京大学习近平新时代中国特色社会主义思想研究院助理教授、研究员，美国俄亥俄州立大学费舍尔商学院金融学博士。主要研究方向为习近平新时代中国特色社会主义思想、数字治理、金融学、经济史。

党的十八大以来，我国发展所面临的内外部环境发生了深刻变化。在中华民族伟大复兴战略全局和世界百年未有之大变局背景下，新冠疫情以及需求收缩、供给冲击等诸多重大风险交织叠加，政治经济、社会民生等领域面临的风险与不确定性因素显著增加。为此，2021年底的中央经济工作会议明确提出要“正确认识和把握防范化解重大风险”，从稳定大局和着眼全局的高度对防范化解重大风险提出了新的明确要求。习近平总书记以强烈的忧患意识和突出的问题导向，先后发表了一系列关于防范化解重大风险的重要论述，为保障经济稳健发展、社会和谐稳定、民生福祉利益、总体国家安全作出了理论思考与现实回应。

“备豫不虞，为国常道。”越是取得成绩的时候，越要有如履薄冰的谨慎，越要有居安思危的忧患意识，这是我们党治国理政的一条重要经验。本文试图探讨中国共产党防范化解重大风险的理论，回顾100多年来中国共产党防范化解重大风险的实践，并将重点探讨在新发展格局中如何更加有效地防范化解重大风险。

一、防范化解重大风险的理论逻辑

社会风险预警与防范是21世纪各国社会治理面临的重大课题，在我国进入中等收入国家和全面深化改革的历史关头，如何应对社会风险，创新有效预防和化解社会矛盾的体制，健全重大经济社会稳定风险评估机制，建立畅通有序的诉求表达、心理干预、矛盾调处化解、权益保障机制等，更是亟待探索和研究的难题。中国共产党自成立之日起，就自觉担负起防范化解各类重大风险的历史使命。要破解这一重大难题，不仅需要实践经验的积累，还要在推进马克思主义中国化过程中探究与建构适合我国国情的风险基础理论。

马克思、恩格斯立足于人类社会实践活动，在科学的世界观和方法论的指导下，对风险问题进行了深刻的思考和总结，揭示了人类社会风险的演变规律，为我们研判和解决当代社会重大风险提供了有益借鉴。从马克思主义视野审视当代风险社会，既要立足于实践存在论，形成对风险社会深层理论的把握，又应指向对全球资本关系的批判，才能更好地认识到我国社会主义市场经济条件下风险防范的若干问题，并提供防范化解重大风险的正确而有效的思想武器。[①]

“风险”作为一种不确定状态，是一个边界宽泛、内涵丰富的概念，在不同的话语体系和学科视域中既可以彼此独立地运用，又能彼此联系进而衍生出更多解读，因此不能仅从字面上进行空洞的文本解释。宋宪萍、孙茂竹（2018）通过研读大量有关马克思主义风险观的研究文献，总结出风险意蕴解读的三个维度。[②]

实践是人类生存和发展的基本方法。当人们意识到利用不确定性可以寻求获利机会，或者某些实践活动可能对达成自身目标造成负面影响而采取“寻租行为”来规避不利导向时，就意味着只要是人类的实践活动就会产生风险。因此，实践的二重性也导致了风险具有二重性：一方面，风险是社会进步和创新的动力源泉；另一方面，风险具有一定的危害性。由此来看，正是由于现代化实践本身所展现出的两重化特征与矛盾性，使得社会风险成为社会发展过程中的一种内在品质。

① 参见莫凡、谭爱国：《马克思主义经典著作中的风险思想及其时代价值——以〈资本论〉及其手稿为例》，《学术交流》2013 年第 1 期。
② 参见宋宪萍、孙茂竹：《马克思主义视域下的风险理论研究》，《当代经济研究》2018 年第 10 期。

按照马克思辩证唯物主义的观点，任何社会现象都是一种历史存在，整个人类社会的历史也不过是人类凭借着自身的劳动创造而产生的过程。风险作为人类社会生活的基本要素，伴随着人类社会的发展而发展，进而演变为一种无法避免的客观现象。可以说，风险在人类社会和人类实践活动的扩张下不断更迭演化，呈现出风险规模扩大化、风险后果纵深化、风险类型多样化等特征，给风险的化解带来了更为复杂的挑战。可以预见的是，社会历史进程中的风险状态则是特定社会内部基本矛盾运动中一种阶段性的特殊体现，因而必须深入特定社会发展阶段中的具体矛盾和结构中进行具体分析。

人类社会发展经历了从原始社会、封建社会、工业化社会再到如今现代化社会的历程，每一种不同的社会形态都催生了不同的风险。人类早期风险表现为受制于地理环境和资源禀赋的自然风险，随着生产力不断发展、人与自然关系发生根本性逆转、人与社会的联结更加紧密，人与人关系逐渐异化：现代性风险特征由偶然、个别、区域性发展为常态、普遍、全新性风险，风险对象从物质利益风险转向道德风险高发，风险主体从单一转向复合，风险结果也从单一区块转向系统性风险。

二、中国共产党领导的防范化解重大风险的实践

百年党史就是一部防范化解重大风险的鲜活历史。中国共产党诞生之初，就遭到中外反动势力的残酷打压。中国共产党一经成立，就开始应对一系列关系到其前途命运的重大风险。100 多年来，中国共产党不断总结教训、积累经验，有效防范化解了各类重大风险，团结带领全国各族人民朝着实现中华民族伟大复兴的目标不断胜利前进。

新民主主义革命时期，以毛泽东同志为核心的党的第一代中央领导集体高度重视防范化解中国革命面临的重大风险。这一时期的主要风险来自两个方面：第一，帝国主义、封建主义和官僚资本主义的压迫所带来的风险；第二，我们党自身的革命路线有出现偏差和失误的风险。我们党在幼年时对中国社会性质和中国革命的性质、动力、前途等重大问题存在认识上的分歧和偏差，也存在革命斗争经验不足等问题。建党之初和大革命时期，党内以陈独秀为代表的右倾思想发展为右倾机会主义错误，并在党的领导机关中占了统治地位，给党带来了

重大生存危机。土地革命战争时期，瞿秋白、李立三和王明因为错误估计革命形势，教条式理解马克思主义理论，给中国革命带来了重大挫折，而且给党的生存带来了重大挑战。新民主主义革命时期，党面临的风险和挑战是极其巨大和极其复杂的，党的根本任务就是防范化解各种风险，将中国革命引向胜利。

在革命处于低潮时，以毛泽东同志为主要代表的中国共产党人逐渐认识到，要成功应对风险，就要解放思想，将马克思主义理论同中国实践相结合。我们党从国情出发，积极防范化解重大风险。第一，我们党突出了武装斗争的极端重要性，建立农村革命根据地，开辟农村包围城市、武装夺取政权的道路。第二，面对党内意识形态动摇，理论准备不足、实践经验缺乏，各种国内外反动势力破坏和镇压，党领导人民形成了统一战线，相继促成了国民革命联合战线、工农民主统一战线、抗日民族统一战线和人民民主联合战线，防范化解了革命可能中断甚至夭折的重大风险挑战。第三，我们党把全方位推进党的建设贯穿始终。20 世纪 30 年代，毛泽东发表《反对本本主义》《实践论》《矛盾论》等重要著作，为纠正党内错误路线奠定了理论基础。新中国成立前夕，在党的七届二中全会上，毛泽东对全党同志提出了“两个务必”，为即将执政的中国共产党敲响了警钟，又指出要全力做好夺取全国政权面临的一切可能的重大风险防范工作。

在社会主义革命和建设时期，中国共产党在防范化解外来风险和内生风险方面都作出了巨大贡献。新中国的成立代表着中国人民结束了被侵略、被奴役的历史，站起来成为国家的主人。我们党面对两方面重大风险。一方面，党内官僚主义作风、贪污腐败、脱离群众的分离倾向等问题逐渐暴露，甚至混入一些政治投机分子，腐蚀党肌体的纯洁性。随着我国社会主义改造的完成，部分领导干部开始表现出脱离群众、放任自满，滋长了官僚主义与特权腐败作风，给社会主义建设事业带来了风险。另一方面，新中国成立之初，虽然把国民党反动派赶出了中国大陆，但全国还没有全部解放，国内尚有土匪。如不将这些土匪尽快剿灭，新生的人民政权将面临极大的安全隐患。在外部环境方面，新中国的成立改变了全球政治格局，以美国为首的西方国家对我国展开经济封锁，而且通过朝鲜战争和台湾问题粗暴威胁中国国家安全和干涉中国内政。20 世纪 60 年代，中苏两国出现矛盾和分歧，给中国的国家安全和经济建设带来了重大挑战。

面对新中国成立初期的这些国内外重大风险，我们党和国家领导人以无与伦比的远见卓识开展防范化解重大风险的工作。

一方面，我们党以肃清敌特作为党内工作重点。新中国成立后，党中央对境内残余的匪特武装展开强力围剿。从 1950 年到 1953 年，中国人民解放军在广大人民群众的支持下，总计歼灭各类匪特武装达到 240 多万人，让新生的人民民主专政得到了有效的巩固。同时，我们党大力整顿党内不良作风，党中央开展“三反”运动，并于 20 世纪 50 年代中期在党内展开了大规模的整风运动，大力整肃党内宗派主义，对改进作风和我国社会主义建设有很重要的作用。

另一方面，我们党为了应对西方国家的经济封锁和军事威胁，坚持将“独立自主，自力更生”作为外交政策的核心，防范一切境外反动势力的分化手段。随着国际形势的变化，党中央又相继提出了和平共处五项原则和“三个世界”等重要外交理论，创造性地捍卫了我国的国家主权安全和发展利益，在破解外部风险基础上在国际社会站稳了脚跟。[①]

改革开放和社会主义现代化建设初期，我们党的执政环境发生了重大变化，各类重大风险层出不穷，防范化解改革开放中遇到的重大风险成为党工作的重要方面。这一时期的重大风险主要有两类。

第一类是意识形态风险。改革开放打开了国门，在发展我国生产力的同时，也产生了诸如经济利益多元化、价值观念多元化、社会贫富差距增大等问题。随着苏联解体、东欧剧变，西方在断言“历史终结”的同时，又面对社会主义中国的不断崛起，为了维护其霸权地位，不断加强对我国的意识形态渗透，宣扬以所谓“普世价值”为包装的资产阶级自由化思想，导致我国一度出现各种“精神污染”的现象，给我们党的政权带来了意识形态风险。邓小平强调，“我们要把工作的基点放在出现较大的风险上，准备好对策”[②]。

为了应对意识形态风险挑战，党中央突出强调了强化思想建设的极端重要性。邓小平在 1980 年中央政治局扩大会议上就明确强调：“我们一定要把思想政

① 参见胡洪彬：《中国共产党防范化解重大风险的百年历程、经验及启示》，《理论探索》2021 年第 2 期。
② 《邓小平文选》第 3 卷，人民出版社 1993 年版，第 267 页。

治工作放在非常重要的地位，切实认真做好，不能放松。”[①]1986年，邓小平在党的十二届六中全会上又进一步对资产阶级自由化思潮作出批判，指出其实质就是“对我们现行政策、现行制度的对抗”，根本目标是“要把我们引导到资本主义道路上去”[②]，必须予以坚决反对。1989年，邓小平深刻总结道：“十年来我们的最大失误是在教育方面，对青年的政治思想教育抓得不够”，“这个问题无论如何要解决”。[③]

20世纪90年代以来，党中央持续加强意识形态建设和政治思想教育，展开对西方“普世价值”和历史虚无主义等错误思潮的批判，夯实了中国特色社会主义事业发展的思想基础。

改革开放后的第二类风险，是我国社会主义转型发展过程中所面临的经济风险、社会风险和党内自身建设的重大风险。为了应对这些风险，党把体制机制建设摆在了核心位置。我们党继续提出“四项基本原则”“深化改革”等重大论断。在这些重大论断的指导下，我们党形成了一系列行之有效的体制机制。尤其在经济方

① 《邓小平文选》第2卷，人民出版社1994年版，第342页。
② 《邓小平文选》第3卷，人民出版社1993年版，第182页。
③ 《邓小平文选》第3卷，人民出版社1993年版，第287页。

面，我们党积极推动形成了有效的激励与制约机制、优胜劣汰的竞争机制、生产要素价格形成机制和宏观调控机制等。这些机制让我们党在长期执政新考验和社会主义市场经济改革的巨大挑战下，有效化解了我国经济社会发展的内部风险，也成功应对了经济全球化传导来的外部风险。改革开放以来，我国多次在全球面临风险挑战时保持了较高的发展速度，成为缓解世界范围内风险的稳定器，为世界各国防范化解重大风险提供了中国经验。

党的十八大以来，习近平总书记多次反复强调，全党要高度重视和切实防范化解各种重大风险。

2014 年 4 月，习近平总书记主持召开中央国家安全委员会第一次会议时首次提出总体国家安全观，它集政治安全、国土安全、军事安全、经济安全、文化安全、社会安全、科技安全、信息安全、生态安全、资源安全、核安全等安全要素于一体。与此同时，习近平总书记还指出，增强忧患意识，做到居安思危，是我们治党治国必须始终坚持的一个重大原则，进一步强调了统筹发展和安全是保证国家安全的头等大事。①

2015年10月，习近平总书记在党的十八届五中全会第二次全体会议上的讲话中，从国内与国际两个维度阐述了8个方面的重大风险。习近平总书记强调："如果发生重大风险又扛不住，国家安全就可能面临重大威胁，全面建成小康社会进程就可能被迫中断。我们必须把防风险摆在突出位置，'图之于未萌，虑之于未有'。"②

2016年1月，习近平总书记在省部级主要领导干部学习贯彻党的十八届五中全会精神专题研讨班上指出："当前和今后一个时期，我们在国际国内面临的矛盾风险挑战都不少，决不能掉以轻心。"③

2017年10月，习近平总书记在党的十九大报告中把防范化解重大风险列为三大攻坚战之首。

2018年1月，习近平总书记在新进中央委员会的委员、候补委员和省部级主要领导干部学习贯彻习近平新时代中国特色社会主义思想和党的十九大精神研讨班

① 参见《习近平主持召开中央国家安全委员会第一次会议强调 坚持总体国家安全观 走中国特色国家安全道路》，《人民日报》2014年4月16日。
② 习近平：《在党的十八届五中全会第二次全体会议上的讲话（节选）》，《求是》2016年第1期。
③ 习近平：《在省部级主要领导干部学习贯彻党的十八届五中全会精神专题研讨班上的讲话》，《人民日报》2016年5月10日。

开班式上从8个方面列举了16个需要高度重视的风险，强调“增强忧患意识、防范风险挑战要一以贯之”[①]。“于安思危，于治忧乱。”我们党在内忧外患中诞生，在磨难挫折中成长，在战胜风险挑战中壮大，始终有着强烈的忧患意识、风险意识。

2019年1月，在省部级主要领导干部坚持底线思维着力防范化解重大风险专题研讨班开班式上的讲话中，习近平总书记再次强调了防范化解重大风险问题，在开班式上分析了要防范化解政治、意识形态、经济、科技、社会、外部环境、党的建设等方面的重大风险，着重要求领导干部肩负起防范化解重大风险的政治责任。

2019年9月，习近平总书记在中共中央党校（国家行政学院）中青年干部培训班开班式上发表重要讲话，谈到在一些领域仍然存在风险隐患，包括消除金融领域隐患、应对重大自然灾害、处理群体性事件、打击黑恶势力、维护国家安全等。

2019年11月，习近平总书记在中央政治局第十九次集体学习时发表重要讲话，强调要加强对危化品、矿

① 《习近平在学习贯彻党的十九大精神研讨班开班式上发表重要讲话强调 以时不我待只争朝夕的精神投入工作 开创新时代中国特色社会主义事业新局面》，《人民日报》2018年1月6日。

山、道路交通、消防等重点领域的安全风险排查。

2020年10月26日，习近平总书记就《中共中央关于制定国民经济和社会发展第十四个五年规划和二〇三五年远景目标的建议》起草的有关情况向党的十九届五中全会作说明时指出：“当前和今后一个时期是我国各类矛盾和风险易发期，各种可以预见和难以预见的风险因素明显增多。我们必须坚持统筹发展和安全，增强机遇意识和风险意识，树立底线思维，把困难估计得更充分一些，把风险思考得更深入一些，注重堵漏洞、强弱项，下好先手棋、打好主动仗，有效防范化解各类风险挑战，确保社会主义现代化事业顺利推进。”[①]

2022年，习近平总书记在党的二十大报告中重申要“提高防范化解重大风险能力”。

新冠疫情暴发后，中国人民在党的领导下应对新冠疫情的伟大壮举，充分证明了以习近平同志为核心的党中央的远见卓识，充分证明了时刻防范化解重大风险的极端重要性。

---

① 习近平：《关于〈中共中央关于制定国民经济和社会发展第十四个五年规划和二〇三五年远景目标的建议〉的说明》，《人民日报》2020年11月4日。

我们党既从全局层面上高度重视防范化解有可能阻滞或中断中华民族伟大复兴进程的重大风险，又在微观层面上特别注重经济社会发展各领域的具体风险挑战，统筹兼顾、运筹帷幄、妥善化解了来自国内国外、党内党外以及经济、政治、文化、社会等各领域各方面的重大风险，为中华民族伟大复兴保驾护航。新形势下我国国家安全和社会安定面临的威胁和挑战增多，我们必须坚持系统观念，高度重视不同类型风险之间的关联性、传导性、叠加性，增强忧患意识，努力做到居安思危，坚持底线思维，凡事从坏处准备，努力争取最好的结果，做到有备无患，遇事不慌，牢牢把握防范化解重大风险的主动权。

习近平总书记关于防范化解重大风险系列重要论述强调要坚持科学思维和系统思维，增强防范风险工作的针对性、前瞻性、创新性，是立足现代化视角对马克思主义风险观中国化的最新成果，不仅更加准确地揭示了风险的本质，也为打赢重大风险防范攻坚战提供了理论依据和行动指南，提升了防范重大风险整体成效，开启了风险治理新征程，为顺利实现中华民族伟大复兴提供了重要保障。更是着眼于人类共同命运，以积极的姿态参与全球风险治理，为有效防控“黑天鹅”“灰犀牛”等全球性风险贡献了中国智慧，有力推动了世界各国守望相助，构建人类命运共同体。

三、新发展格局中重大风险的识别

经过40多年的改革开放，我国社会发生了翻天覆地的变化。在此背景下，我国社会发展进入各方利益交织、各种矛盾凸显的时期，社会全面转型，利益格局重大调整，思想文化观念冲突剧烈，现代性引致的各种风险充斥于日常生活的方方面面。[①]这就意味着，作为防范化解重大风险的前提条件，重大风险的发现和识别至关重要而且充满挑战。

2015年10月，习近平总书记指出：“今后5年，可能是我国发展面临的各方面风险不断积累甚至集中显露的时期。我们面临的重大风险，既包括国内的经济、政治、意识形态、社会风险以及来自自然界的风险，也包括国际经济、政治、军事风险等。如果发生重大风险

① 参见李季：《健全国家应急管理体系 防范化解重大风险》，《行政管理改革》2020年第3期。

又扛不住，国家安全就可能面临重大威胁，全面建成小康社会进程就可能被迫中断。”①

党的十九大报告指出：“更加自觉地防范各种风险，坚决战胜一切在政治、经济、文化、社会等领域和自然界出现的困难和挑战。”②

在政治风险方面，党的十九大以来，习近平总书记提出“防范政治风险”重大命题。

2018 年 6 月，习近平总书记在主持中央政治局第六次集体学习时强调：“全党同志特别是各级领导干部必须增强风险意识，提高防范政治风险能力。”③

2019 年 1 月，在省部级主要领导干部坚持底线思维着力防范化解重大风险专题研讨班开班式上，习近平总书记强调要防范化解包括政治风险在内的各领域重大风险。

2019 年 6 月，习近平总书记在主持中央政治局第十五次集体学习时要求“净化政治生态，及时清除两面

---

① 习近平：《在党的十八届五中全会第二次全体会议上的讲话（节选）》，《求是》2016 年第 1 期。
② 习近平：《决胜全面建成小康社会 夺取新时代中国特色社会主义伟大胜利——在中国共产党第十九次全国代表大会上的报告》，人民出版社 2017 年版，第 16 页。
③ 《习近平谈治国理政》第 3 卷，外文出版社 2020 年版，第 96 页。

人等政治隐患，防范和化解政治风险”[①]。

在百年未有之大变局下，国内外发展环境蕴含着诸多不确定性。这些不确定因素的表征包括，新一轮科技革命蓄势待发、国际体系特别是大国关系深刻调整等。这些国内外发展环境中的不确定性都可能引起政治风险。[②]

正如习近平总书记所说：“我们的事业越前进、越发展，新情况新问题就会越多，面临的风险和挑战就会越多。”[③]

在分析新情况和新风险的来源时，习近平总书记指出：“国际经济、科技、文化、安全、政治等格局都在发生深刻调整，世界进入动荡变革期。”[④]

在经济风险方面，党的十八大以来，中央在推进我国社会经济发展过程中，把防风险、稳增长摆在了突出位置上。

2014 年中央经济工作会议就明确指出，面对世界经济的深度调整，必须“强化风险防控”，“促进经济

---

① 《习近平谈治国理政》第 3 卷，外文出版社 2020 年版，第 533 页。
② 参见刘顺：《政治风险：成因、特征和治理——学习习近平总书记关于防范政治风险的重要论述》，《社会主义研究》2021 年第 1 期。
③ 《习近平谈治国理政》第 1 卷，外文出版社 2018 年版，第 23 页。
④ 习近平：《在经济社会领域专家座谈会上的讲话》，《人民日报》2020 年 8 月 25 日。

平稳健康发展和社会和谐稳定”。

2019 年 1 月，在省部级主要领导干部坚持底线思维着力防范化解重大风险专题研讨班开班式上，习近平总书记强调，要着力“增强忧患意识”“精准研判、妥善应对经济领域可能出现的重大风险”，切实做到“稳就业、稳金融、稳外贸、稳外资、稳投资、稳预期”，确保我国经济在合理区间有序运行。①

2023 年第 4 期《求是》杂志发表了习近平总书记 2022 年 12 月 15 日在中央经济工作会议上重要讲话的一部分《当前经济工作的几个重大问题》，文章指出，我们必须坚持标本兼治、远近结合，牢牢守住不发生系统性风险底线。一是防范房地产业引发系统性风险，二是防范化解金融风险，三是防范化解地方政府债务风险。

经济风险除了有可能来自经济领域自身的体制性和结构性因素，自然风险、社会风险乃至政治风险都有可能导致经济风险。②

---

① 《习近平在省部级主要领导干部坚持底线思维着力防范化解重大风险专题研讨班开班式上发表重要讲话强调 提高防控能力着力防范化解重大风险 保持经济持续健康发展社会大局稳定》，《人民日报》2019 年 1 月 22 日。

② 参见胡洪彬：《新中国 70 年防范经济风险的历程、经验与启示》，《华侨大学学报》2019 年第 6 期。

从国内发展来看，党的十八大以来，我国经济形势总体向好，但经济领域的风险也有若干表现。例如，经济空间布局下的发展不平衡不充分的风险，[①]以及过度金融化对实体经济生长空间的压缩。[②]从国际环境看，我国对外贸易不断发展，但也遇到了前所未有的挑战，体现为美国单边主义战略下的中美经贸摩擦风险。美国大肆在国际关系上推进单边主义，将“美国优先”作为战略核心，将贸易保护主义作为其幌子，粗暴设置关税壁垒和挑起贸易冲突，给中美两国乃至世界经济都带来了巨大的不确定性。

在社会风险方面，我们党高度重视做好社会风险的防范和化解工作，推进新时代社会建设和社会治理。

2015 年 10 月 29 日，在党的十八届五中全会第二次全体会议上，习近平总书记强调：“今后五年，可能是我国发展面临的各方面风险不断积累甚至集中显露的时期”，我们面临包括“社会风险”在内的多重“威胁”，“必须把防风险摆在突出位置”。[③]

---

① 参见滕飞、黄征学：《我国经济空间布局的不平衡不充分问题及对策建议》，《中国经贸导刊》2018 年第 16 期。

② 参见苏治、方彤、尹力博：《中国虚拟经济与实体经济的关联性——基于规模和周期视角的实证研究》，《中国社会科学》2017 年第 8 期。

③ 《十八大以来重要文献选编》（中），中央文献出版社 2016 年版，第 833 页。

2017 年 10 月 18 日，在党的十九大报告中，习近平总书记站在健全国家安全体系的高度，提出了“提高防范和抵御安全风险能力”的执政要求。

2019 年 1 月，在省部级主要领导干部坚持底线思维着力防范化解重大风险专题研讨班开班式上，习近平总书记要求广大干部充分认识到化解社会风险的重要性和紧迫性，要求“坚持和发展‘枫桥经验’”，“从源头上提升维护社会稳定能力和水平”。[①]

当前，我们还面临不少困难和挑战，社会矛盾和问题还存在交织叠加的危险。新时代的社会风险主要来自宏观和微观两个方面。[②]

宏观方面的风险源于社会资源的供给和分配与人民的需求不匹配。这种不匹配体现在：在经济方面，区域间、行业间的资源分配还存在较大差距；在政治方面，国家治理体系大踏步走向现代化，但民众的政治参与诉求仍然有待进一步满足；在社会文化方面，公共服务质量虽然得到不断提升，但基本公共服务不均衡的问题依

① 《习近平在省部级主要领导干部坚持底线思维着力防范化解重大风险专题研讨班开班式上发表重要讲话强调 提高防控能力着力防范化解重大风险 保持经济持续健康发展社会大局稳定》，《人民日报》2019 年 1 月 22 日。

② 参见胡洪彬：《化解社会风险：新中国成立 70 年来的历程、经验与启示》，《求实》2019 年第 4 期。

然比较突出；在生态建设方面，生态环境虽然实现了整体性改善，但部分地区生态污染问题依旧没有得到彻底扭转，与人民群众的要求还有一定差距。

微观方面的风险主要源于部分干部能力水平与新时代社会治理要求的不匹配。近年来，我国各级领导干部的综合素质得到了显著提升，但面对纷繁复杂的社会环境，部分干部仍存在创新能力不足、缺乏现代社会治理专业知识、工作循规蹈矩、缺乏全局意识、预见能力不强、在新情况新问题面前缺乏应对思路等。这些问题的解决将给社会和谐发展提供更加有利的因素。

四、新发展格局中重大风险的衡量

在识别了重大风险后，我们的挑战是如何在新发展格局中衡量风险。准确地衡量风险能帮助我们区分不同种类风险，有针对性地防范化解不同种类风险。近年来，频繁出现在各类文件和媒体中的“黑天鹅”“灰犀牛”蕴含着风险衡量的精髓。

2017 年 7 月 14—15 日，第五次全国金融工作会议决定设立国务院金融稳定发展委员会，习近平总书记在会上强调，要“强化人民银行宏观审慎管理和系统性风险防范职责，落实金融监管部门监管职责，并强化监管问责”[①]。

几天后，2017 年 7 月 17 日，《人民日报》评论员文章《有效防范金融风险——二论做好当前金融工作》提到“防范化解金融风险，需要增强忧患意识”，“既防‘黑天鹅’，也防‘灰犀牛’，对各类风险苗头既不能掉以轻心，也不能置若罔闻”。

2018 年 4 月，习近平总书记在第二次长江经济带发展座谈会上谈到要积极化解长江沿岸长期积累的传统落后产能，强调：“如果不能积极稳妥化解这些旧动能，变革创新传统发展模式和路径，不仅会挤压和阻滞新动能培育壮大，而且处理不好还会引发‘黑天鹅’事件、‘灰犀牛’事件。”[②]

2019 年 1 月，在省部级主要领导干部坚持底线思维着力防范化解重大风险专题研讨班开班式上，习近平总书记特别提到了要防范“灰犀牛”和“黑天鹅”两种风险事件的发生，寓意深刻。

① 习近平：《论坚持全面深化改革》，中央文献出版社 2018 年版，第 341 页。
② 习近平：《在深入推动长江经济带发展座谈会上的讲话》，《求是》2019 年第 17 期。

2022 年 10 月 16 日，习近平总书记在党的二十大报告中指出："我国发展进入战略机遇和风险挑战并存、不确定难预料因素增多的时期，各种'黑天鹅'、'灰犀牛'事件随时可能发生。我们必须增强忧患意识，坚持底线思维，做到居安思危、未雨绸缪，准备经受风高浪急甚至惊涛骇浪的重大考验。"[①]

"黑天鹅"的风险隐喻义源于 2007 年美国学者纳西姆·尼古拉斯·塔勒布（Nassim Nicholas Taleb）所著的《黑天鹅：如何应对不可预知的未来》[②]一书。2008 年爆发国际金融危机印证了这本书的主要观点，让这本书成为热门书籍，"黑天鹅"一词也在西方媒体中被作为新闻热词来传播。"灰犀牛"的隐喻义由美国经济学家米歇尔·渥克（Michele Wucker）于 2016 年在其著作《灰犀牛：如何应对大概率危机》[③]中提出。"黑天鹅"一般指难以预测，但突然发生时会引起连锁反应，有巨大负面影响的小概率事件。"灰犀牛"一般指概率大、冲击力

① 习近平：《高举中国特色社会主义伟大旗帜 为全面建设社会主义现代化国家而团结奋斗——在中国共产党第二十次全国代表大会上的报告》，人民出版社 2022 年版，第 26 页。

② Taleb, N. N. *The Black Swan: the Impact of the Highly Improbable*. New York: Random House and Penguin. 2007.

③ Wucker, M. *The Gray Rhino: How to Recognize and Act on the Obvious Dangers We Ignore*. New York: St. Martin's Press. 2016.

极强、在某种程度上可以预见、潜在但是常常被忽视的风险。①

“黑天鹅”和“灰犀牛”形象地刻画了两类系统性风险的特征，生动地表达了重大风险衡量中两个重要概念：发生概率和破坏性程度。发生概率指的是风险事件发生的可能性，破坏性程度指的是当风险事件发生时，其产生的破坏性大小。“黑天鹅”少见，发生概率低，一旦人们发现“黑天鹅”，就彻底颠覆了“世界上的天鹅都是白的”这一信念，对人的认知产生彻底的改变。所以，“黑天鹅”事件的影响力大，破坏性大。“灰犀牛”静静地待在泥水里，只露出鼻孔呼吸，在非洲经常被见到，但如果不仔细看容易被忽视，“灰犀牛”一旦被激怒，连狮子都要退避三舍。所以，“灰犀牛”事件发生的概率大，容易被忽视，一旦发生，破坏力虽不如“黑天鹅”事件那么大、那么具有系统性，但也具有相当大的危害性。

“黑天鹅”与“灰犀牛”的区别还体现在：前者在事发之前难以预料，而后者在事发之前经过仔细地观察

① 参见骆晓强、梁权琦、杨晓光：《当前中国经济的“灰犀牛”和“黑天鹅”》，《中国科学院院刊》2017 年第 12 期。

和判断是可以被发现和被预测的。“黑天鹅”在被人们发现之前，被认为是不存在的，只有“白天鹅”存在。所以，在每一个特定的时间点，“黑天鹅”事件在人们的认知之外，无法被准确预测，也没有成形的防范化解手段。而“灰犀牛”事件在过去发生过，有成形的防范化解手段，虽然有较强的隐秘性，容易被忽视，但可以被发现和被预测。相比较而言，忽视了“灰犀牛”是主观失误，而受到“黑天鹅”的冲击有更强的客观属性。所以，防范化解重大风险首先应力求杜绝“灰犀牛”风险事件，努力防范化解“黑天鹅”风险事件。

“黑天鹅”事件虽然客观上无法被准确预测，但也可以通过做充足预案的方式加以防范。例如，2008 年国际金融危机爆发之后，美国等国家开展了银行压力测试，在假定发生突发风险事件的情况下检测银行应对的能力和结果。这些假定的突发风险事件大多数是从没有发生过的极端风险事件，一定程度上模拟了“黑天鹅”风险事件的发生。我国也开展了银行系统的压力测试。这个风险防范经验可以在其他经济领域进行推广，尤其是对于经济中那些可能脆弱的环节，检验应对风险的能力。尽管真正的“黑天鹅”事件发生的时机和方式往往超出人们的想象，有其独特性和偶然性，但多次的风险预案和预演可以大大提高防控风险意识和能力，降低风险发生时的危害性。

五、新发展格局中统筹发展与防范化解重大风险

党的十八大以来，以习近平同志为核心的党中央提出了坚持统筹发展和安全的重大创新理论，强调要正确处理好发展和安全之间的关系，实现高质量发展和高水平安全良性互动。在 2014 年 11 月举行的中央外事工作会议上，习近平总书记明确强调，要统筹发展和安全两件大事，为和平发展营造更加有利的国际环境，维护和延长我国发展的重要战略机遇期。党的十九大报告进一步强调："统筹发展和安全，增强忧患意识，做到居安思危，是我们党治国理政的一个重大原则。"[①]

党的十九大以后，习近平总书记在不同场合多次强调，必须坚持统筹发展和安全两件大事，既要善于运用

① 习近平：《决胜全面建成小康社会　夺取新时代中国特色社会主义伟大胜利——在中国共产党第十九次全国代表大会上的报告》，人民出版社 2017 年版，第 24 页。

发展成果夯实国家安全的实力基础，又要善于塑造有利于经济社会发展的安全环境。

党的十九届五中全会审议通过的《中共中央关于制定国民经济和社会发展第十四个五年规划和二〇三五年远景目标的建议》，将“统筹发展和安全”列为“十四五”时期我国经济社会发展指导思想的重要内容和必须遵循的原则，强调“统筹国内国际两个大局，办好发展安全两件大事”。建议中还有专门的章节来部署“统筹发展和安全，建设更高水平的平安中国”，强调“把安全发展贯穿国家发展各领域和全过程，防范和化解影响我国现代化进程的各种风险，筑牢国家安全屏障”。

2021 年 1 月 11 日，习近平总书记在省部级主要领导干部学习贯彻党的十九届五中全会精神专题研讨班上强调从忧患意识把握新发展理念。习近平总书记指出：“‘不困在于早虑，不穷在于早豫。’随着我国社会主要矛盾变化和国际力量对比深刻调整，我国发展面临的内外部风险空前上升，必须增强忧患意识、坚持底线思维，随时准备应对更加复杂困难的局面。‘十四五’规划《建议》把安全问题摆在非常突出的位置，强调要把安全发展贯穿国家发展各领域和全过程。如果安全这个基础不牢，发展的大厦就会地动山摇。要坚持政治安全、人民安全、国家利益至上有机统一，既要敢于斗争，也要善于斗争，全面做强自己，特别是要增强威慑的实力。宏观经济方面要防止大起大落，资本市场上要防止外资大进大出，粮食、能源、重要资源上要确保供给安全，要确保产业链供应链稳定安全，要防止资本无序扩张、野蛮生长，还要确保生态环境安全，坚决抓好安全生产。在社会领域，要防止大规模失业风险，加强公共卫生安全，有效化解各类群体性事件。要加强保障国家安全的制度性建设，借鉴其他国家经验，研究如何设置必要的'玻璃门'，在不同阶段加不同的锁，有效处理各类涉及国家安全的问题。"[①]

2023 年 1 月 31 日，习近平总书记在中共中央政治局第二次集体学习时强调加快构建新发展格局，增强发展的安全性稳定性。习近平总书记指出："加快构建新发展格局，是立足实现第二个百年奋斗目标、统筹发展和安全作出的战略决策，是把握未来发展主动权的战略

① 习近平：《把握新发展阶段，贯彻新发展理念，构建新发展格局》，《求是》2021 年第 9 期。

部署。只有加快构建新发展格局，才能夯实我国经济发展的根基、增强发展的安全性稳定性，才能在各种可以预见和难以预见的狂风暴雨、惊涛骇浪中增强我国的生存力、竞争力、发展力、持续力，确保中华民族伟大复兴进程不被迟滞甚至中断，胜利实现全面建成社会主义现代化强国目标。”①

① 《习近平在中共中央政治局第二次集体学习时强调 加快构建新发展格局 增强发展的安全性主动权》，《人民日报》2023 年 2 月 2 日。

在新发展格局中深化对GDP经济统计量的认识

吴　文

北京大学习近平新时代中国特色社会主义思想研究院助理教授，研究方向包括马克思主义政治经济学、习近平经济思想、博弈论、金融稳定、政治哲学等领域。

于鸿君

北京大学党委常务副书记，教授、博士生导师。

习近平总书记指出："我们一直在讲不以 GDP 增长率论英雄。'六稳''六保'，我们追求的是经济的科学发展、是贯彻新发展理念，追求的是广大人民群众的幸福美好生活。"[①] 而在当今世界经济舞台上，GDP 统计量是衡量一国综合经济实力的关键指标。改革开放以来，随着经济体制的市场化转型，中国国民经济核算体系由物质产品平衡表体系 MPS 转变为国民账户体系 SNA，相应核心指标也从 MPS 体系的国民收入转变为 SNA 体系的国内生产总值 GDP。同时，国家统计局还利用改革开放以前的 MPS 体系中的统计资料，估算了改革开放以前的 GDP 数据。然而，任何指标都有局限性和片面性，GDP 指标也不例外，GDP 不应成为经济发展的首要目标。

关于 GDP 指标本身问题的研究已有很多，但还有些问题属于在运用 GDP 指标过程中出现的。这类问题更加隐蔽，更容易导致对 GDP 指标经济含义的误读。

---

① 杜尚泽：《两会现场观察·微镜头·习近平总书记两会"下团组""着眼点着力点不能放在 GDP 增速上"》，《人民日报》2020 年 5 月 23 日。

本文就出现在 GDP 指标运用过程中的两类统计问题进行分析：一是用名义 GDP 指标计算实际 GDP 指标的具体算法所引起的对产业升级的经济贡献度的低估；二是实际 GDP 指标对处于货币深化进程中经济体的测度偏误。如果经济学家与统计工作者的本意是以实际 GDP 指标的增长来表征真实的经济增长，那么由于这两类问题的存在，实际 GDP 指标其实并不“实际”。

这两类问题的存在都导致对真实经济增长的低估，并且同时影响到改革开放前后两个时期真实经济增长的测算。而由于具体的历史经济环境与问题本身的作用机理，这两类问题对改革开放前的真实经济增长测算的影响更大。下文分别对两类问题进行分析。

一、GDP 的统计性：用名义 GDP 计算实际 GDP 过程中的信息失真

（一）从名义 GDP 转换到实际 GDP 的数据结构问题

前文已经说明了 GDP 指标对于理解今日之经济问

题具有重要作用，但可能正因为人们如此重视其经济含义，而相对性地忽视了 GDP 首先是个统计指标，利用 GDP 指标进行任何解读都不能脱离其统计学特性。我们不妨从名义 GDP 和实际 GDP 的差异和转换关系（尤其是这一关系的复杂性）切入，展开后文的分析。

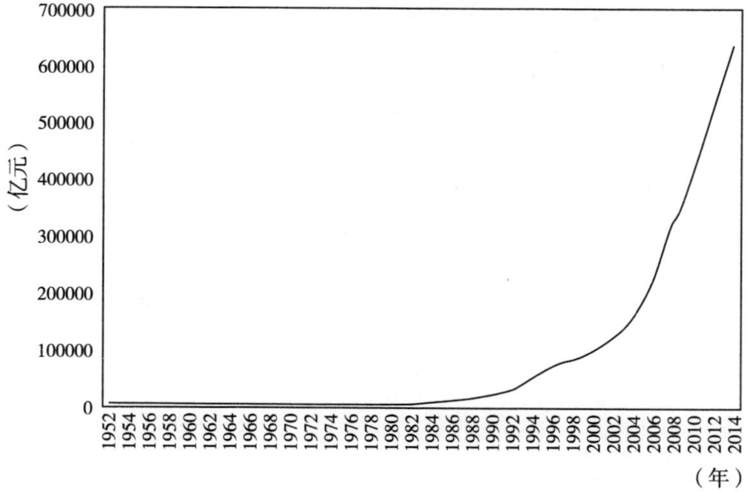

图 5　1952 年至 2014 年的经济增长

依据国家统计局所公布的数据所绘制的中国名义 GDP（按现价计算）随时间的变化趋势，1952 年中国名义 GDP 为 679.1 亿元，1978 年中国名义 GDP 为 3678.7 亿元，2014 年中国名义 GDP 为 641280.6 亿元。与名义 GDP 相对应的是实际 GDP，但国家统计局并不直接公布实际 GDP 数据，只是给出了两种 GDP 指数（以 1978 年为 100 和以前一年为 100 两种）。这种 GDP 指数就对应着实际 GDP，并且每年公布的经济增长率也是依据 GDP 指数算出来的。依据上述的名义 GDP 数据，有观点就指出：1952—1978 年这 27 年中，中国经济总量几乎没有多少增长，1978 年之后，通过三次市场化改革，才有了三次高速增长和中国经济的快速起飞。

尚且不论上述结论本身是否准确，经济研究者不能直接以名义 GDP 为依据对经济增长进行分析，这是因为名义 GDP 指标含有通货膨胀的因素，不能成为计算增长率的基准。倘若以名义 GDP 的增长“论英雄”，那国民党政权在大陆溃败前的恶性通货膨胀反倒对应着奇迹般的经济增长了。然而，我们应如何有效地扣除价格水平中的通货膨胀因素，由名义 GDP 得到实际 GDP 呢？

理论上，如果一段时间内的产品与服务的类目完全相同，可用某一期的价格为绝对基准的方法，直接扣除价格水平中的通货膨胀因素，得到实际 GDP。但即便在这种假设的理想情形中，也面临一个棘手的问题：不同期之间价格水平的差异除了包含通货膨胀因素，还包含因生产力的非平行变化以及需求的非平行变化所引起的相对价格变化因素。两种因素混杂在一起，前者是应该被扣除的，后者是应该被实际 GDP 指标所反映的，而绝对基准期价格法把两种因素都一并扣除了。

为解决此问题，上海财经大学马克思主义学院教授冯金华提出了一种新的实际 GDP 计算方法："新 GDP 平减指数等于按基期产量计算的现期价格总量与基期价格总量的比率，新 GDP 等于名义 GDP 与新 GDP 平减指数的比率，即是经过新 GDP 平减指数修正的名义 GDP 。与传统的名义和实际 GDP 不同，新 GDP 既排除了通货膨胀或紧缩的影响，又充分考虑到了商品相对价格的变化。"当然，这里所指的"实际 GDP"，即前文所述"以绝对基准期价格法得到的 GDP"：使用基期价格来加总当期的产出。（后文会给出另一种"实际 GDP"的计算方法，相对基期价格法。）这种新的实际 GDP 计算方法在理想情况下较好地解决了该问题，后文在进行演算时也采用此方法作为一种比较基准。但是，一旦脱离了理想情况的设定——"一段时间内的产品与服务的类目完全相同"，依赖于基期产量的新

GDP 平减指数就不能很好地反映当期的通货膨胀因素。

（二）有“产业升级”情形下的两种实际 GDP 算法

在现实的非理想情况下，产品与服务的类目随时间不断变化，新产品进入，老产品消失，并且新老产品不一定具有可比性（例如汽车和马车）。客观上，这类新产品并无上期可比的价格基准，除非强行为其指定接近的产品的价格作为基准（后文会阐述这种强行同类化统计操作的后果）。因此，即便新产品的定价受到普遍的通货膨胀影响，我们也没有充分有效的依据来扣除新产品所对应的名义 GDP 增量中的通胀因素，这还是因上文所陈述的理由“价格水平同时包含了通胀和产品间的相对价格变化两方面因素”。而又因不存在新产品的前期作为基期，这样一来，新 GDP 平减指数就较难适用于新产品，当然，老产品及其价格在当期的消失也为这种新 GDP 平减指数的计算造成障碍（价格不存在也不能等同于价格为 0）。因此，不妨假定新产品的名义 GDP 等于实际 GDP，我们以一个数值算例来展示这种现实的非理想情况对实际 GDP 计算的影响。

假设在一个发生着持续技术进步和产业升级的经济体内，连续 4 年的生产情况如表 1。

表 1 列出了各年的各产品产量、价格与名义 GDP，如第一年生产 dA 产品 3 个，单价 1 元。由价格变化可知，经济中存在持续的通货膨胀。为尽量扣除通货膨胀的影响，计算实际 GDP，我们必须选取基准年及对应的商品篮子，但理论上存在两种典型的基准年选取方法：绝对基准年和相对基准年。这就对应着国家统计局公布的两种 GDP 指数的算法。

表 1　经济体各产品产量、价格与名义 GDP

产品	dA	dB	dC	d	e	eF	eG	eH	名义 GDP	GDP 指数
第一年	3 个 1 元	4 个 2 元	5 个 3 元	4 个 4 元	3 个 5 元	\	\	\	57 元	1
第二年	\	4 个 3 元	5 个 4 元	6 个 5 元	5 个 6 元	4 个 7 元	\	\	120 元	2.105
第三年	\	\	5 个 5 元	6 个 6 元	7 个 7 元	6 个 8 元	5 个 9 元	\	203 元	3.561
第四年	\	\	\	6 个 7 元	7 个 8 元	8 个 9 元	7 个 10 元	6 个 11 元	306 元	5.368

绝对基准年法，是指选取某一年（如第一年），然后每年实际 GDP 的计算都参照此年的价格与商品篮子。但问题在于，距离基准年的时间距离越远，商品篮子的可参照性越低，并使得可被扣除的通货膨胀因素未被扣

除。依据此法，我们以第一年为绝对基准年，计算得各年的实际 GDP，列入表 2。

表 2　以第一年为绝对基准年，经济体各产品产量、价格与实际 GDP

产品	dA	dB	dC	d	e	eF	eG	eH	实际 GDP1	GDP 指数
第一年	3 个 1 元	4 个 2 元	5 个 3 元	4 个 4 元	3 个 5 元	\	\	\	57 元	1
第二年	\	4 个 2 元	5 个 3 元	6 个 4 元	5 个 5 元	4 个 7 元	\	\	100 元	1.754
第三年	\	\	5 个 3 元	6 个 4 元	7 个 5 元	6 个 8 元	5 个 9 元	\	167 元	2.930
第四年	\	\	\	6 个 4 元	7 个 5 元	8 个 9 元	7 个 10 元	6 个 11 元	267 元	4.684

观察表 2 可以发现：第三年中的产品 eF 价格中显然的通胀因素没有被扣除，第四年中的产品 eF 和 eG 价格中的通胀因素也没有被扣除。而第二年的新产品 eF、第三年的新产品 eG 和第四年的新产品 eH 的定价虽然也可能受到普遍的通货膨胀影响，但由于没有前期的参照，不能做直接的判定。正因实际 GDP 中含有非实际的通胀因素，GDP 指数依然虚高。

相对基准年法，是指逐期调整基准年，选取被计算年份的上一年为基准年，这使得基准年的商品篮子具有最大的可参考性。但问题在于，隔年的实际 GDP（如第一年和第三年）由于价格不一致而不具有可比性（也是因通胀因素未被有效扣除）。依据此法，我们以前一年为相对基准年，计算得各年的“前期实际 GDP”（不同于基于设定的绝对基准年计算得到的实际 GDP），列入表 3。

观察表 3 可以发现：在“前期实际 GDP”指标中，第三年相对于第二年的通胀因素没有被扣除，第四年相对于第三年的通胀因素也没有被扣除。第三年的“前期实际 GDP”的参照系应是第二年的名义 GDP，二者的价格体系也最接近，所以第三年相对于第二年的实际 GDP 的比值应为 179/120，所以第三年的实际 GDP 应为 179/120 × 100≈149.2 元。类似地，第四年相对于第三年的实际 GDP 的比值应为 278/203，所以第四年的实际 GDP 应为 278/203 × 149.2≈204.3 元。

对比表 3 和表 2 中第三年和第四年的数据可以发现，以相对基准年价格法计算得到的实际 GDP2 显著低于以绝对基准年价格法计算得到的实际 GDP1。例如，对于第三年，实际 GDP2/ 实际 GDP1=149.2/167≈0.893；对于第四年，实际 GDP2/ 实际 GDP1=204.3/267≈0.765。这是因为，当经济体发生持续的技术进步和产业升级时，绝对基准年价格法允许通货膨胀因素沿着产业升级

表 3　以前一年为相对基准年，经济体各产品产量、价格、前期实际 GDP 与实际 GDP

产品	dA	dB	dC	d	e	eF	eG	eH	前期实际 GDP1	GDP 指数	实际 GDP2
第一年	3 个 1 元	4 个 2 元	5 个 3 元	4 个 4 元	3 个 5 元	\	\	\	57 元	1	57 元
第二年	\	4 个 2 元	5 个 3 元	6 个 4 元	5 个 5 元	4 个 7 元	\	\	100 元	1.754	100 元
第三年	\	\	5 个 4 元	6 个 5 元	7 个 6 元	6 个 7 元	5 个 9 元	\	179 元	179/120 × 1.754≈2.616	149.2 元
第四年	\	\	\	6 个 6 元	7 个 7 元	8 个 8 元	7 个 9 元	6 个 11 元	278 元	278/203 × 2.616≈3.583	204.3 元

表 4　经济体各产品产量、价格、名义 GDP 与冯金华提出的新实际 GDP

产品	dA	dB	dC	d	e	名义 GDP	GDP 指数	现价名义基期 GDP	冯 -GDP 平减指数	实际 GDP3
第一年	3 个 1 元	4 个 2 元	5 个 3 元	4 个 4 元	3 个 5 元	57 元	1	57 元	1	57 元
第二年	5 个 2 元	5 个 3 元	6 个 4 元	7 个 5 元	6 个 6 元	120 元	2.105	76 元	0.75	90 元
第三年	7 个 3 元	8 个 4 元	8 个 5 元	9 个 6 元	8 个 7 元	203 元	3.561	95 元	0.6	121.8 元
第四年	8 个 4 元	10 个 5 元	10 个 6 元	12 个 7 元	10 个 8 元	306 元	5.368	114 元	0.5	153 元

的方向逐年累积，而相对基准年价格法则逐年消除了这种累积性的影响。这就意味着以相对基准年价格法计算得到的实际 GDP2 与以绝对基准年价格法计算得到的实际 GDP1 之间的差距逐年增大，即 0.765<0.893。

（三）无“产业升级”情形下两种实际 GDP 算法

为了更加充分地说明上文发现的关键性，可将其与无技术进步和产业升级的情况进行对比。我们再次考虑理想情况，给出可对比的算例，并使用新的实际 GDP 算法提供一个参照，如表 4。

表 4 对应表 1，具有相同的名义 GDP，表中后 3 列演示了新的实际 GDP 算法。我们同样采用相对基准年价格法和绝对基准年价格法计算实际 GDP 得到表 5 和表 6。

表 5 对应表 2，表 6 对应表 3。我们发现在无技术进步和产业升级的情况下，以相对基准年价格法计算得到的实际 GDP2 与以绝对基准年价格法计算得到的实际 GDP1 之间并无显著差异，并且与新实际 GDP3 也比较接近。在通过算例发现两种情况的差异后，我们再次关

注中国的实际 GDP 数据。

表 5　以第一年为绝对基准年，经济体各产品产量、价格与实际 GDP

产品	dA	dB	dC	d	e	实际 GDP1	GDP 指数
第一年	3 个 1 元	4 个 2 元	5 个 3 元	4 个 4 元	3 个 5 元	57 元	1
第二年	5 个 1 元	5 个 2 元	6 个 3 元	7 个 4 元	6 个 5 元	91 元	1.596
第三年	7 个 1 元	8 个 2 元	8 个 3 元	9 个 4 元	8 个 5 元	123 元	2.158
第四年	8 个 1 元	10 个 2 元	10 个 3 元	12 个 4 元	10 个 5 元	156 元	2.737

表 6　以前一年为相对基准年，经济体各产品产量、价格、前期实际 GDP 与实际 GDP

产品	dA	dB	dC	d	e	前期实际 GDP	GDP 指数	实际 GDP2
第一年	3 个 1 元	4 个 2 元	5 个 3 元	4 个 4 元	3 个 5 元	57 元	1	57 元
第二年	5 个 1 元	5 个 2 元	6 个 3 元	7 个 4 元	6 个 5 元	91 元	1.596	91 元
第三年	7 个 2 元	8 个 3 元	8 个 4 元	9 个 5 元	8 个 6 元	163 元	163/120 × 1.596 ≈2.168	123.58 元
第四年	8 个 3 元	10 个 4 元	10 个 5 元	12 个 6 元	10 个 7 元	256 元	256/203 × 2.168 ≈2.734	155.84 元

（四）中国的实际 GDP 与同口径归类处理

由国家统计局公布的国内生产总值指数（上年 =100）对应着相对基准年价格法，但需经过累乘处理，该数据从 1952 年开始；国内生产总值指数（1978 年 =100）对应着绝对基准年价格法，该数据从 1978 年开始。依据这两套数据，我们将从 1978 年开始的中国实际 GDP2 数据和实际 GDP1 数据绘制，如图 6。

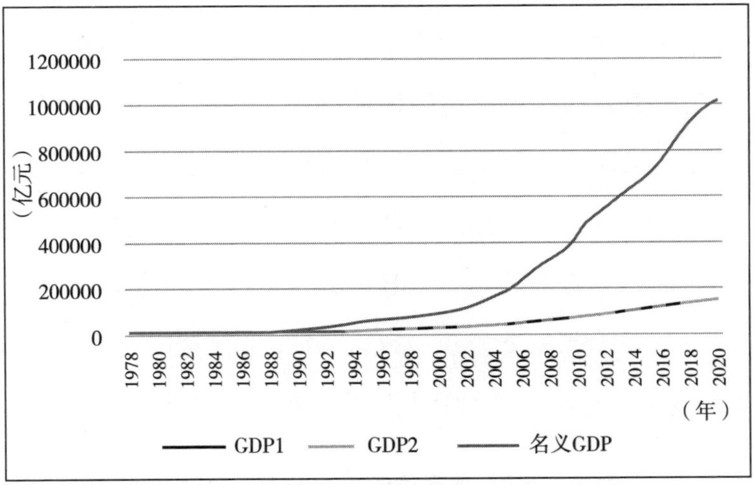

图 6　两种算法下的中国实际 GDP（1978—2020 年）

观察图 6，我们发现：以相对基准年价格法计算得到的实际 GDP2 曲线与以绝对基准年价格法计算得到的实际 GDP1 曲线高度贴合，两个指标之间无显著差异。以 2014 年为例，依据两种算法得到的实际 GDP 数据分别为 104324.3 亿元（GDP1）和 104152 亿元（GDP2），均不到名义 GDP（641280.6 亿元）的 1/6。

因此，实际数据显示了接近算例中无技术进步和产业升级的情形。这显然不符合改革开放以来中国发生了显著技术进步和产业升级的实情。那么，国家统计局的两种 GDP 指数是如何得到的呢？

这便需要依靠同口径归类统计法，其效果等同于通过算法构建了前文的理想情况。新产品被纳入已存在的某个大类，这使得所有时段内的产品与服务的类目完全相同，从这个加总层面的统计操作来看，技术进步和产业升级仿佛没有发生。我们仍然以上文的算例进行演示，对于表 1 中的产品 dA 、dB 、dC 、d ，我们将其全部归为 D ，对于产品 e 、eF 、eG 、eH ，我们将其全部归为 E，并依据这种归类计算其对应的单价，结果列于表 7。

表 7　经济体各产品产量、价格与名义 GDP

产品	D	E	名义 GDP	GDP 指数
第一年	16 个 21/8 元	3 个 5 元	57 元	1
第二年	15 个 62/15 元	9 个 58/9 元	120 元	2.105
第三年	11 个 61/11 元	18 个 71/9 元	203 元	3.561
第四年	6 个 7 元	28 个 66/7 元	306 元	5.368

表 7 对应表 1，具有相同的名义 GDP 。我们同样采用相对基准年价格法和绝对基准年价格法计算实际 GDP 得到表 8 和表 9。

表 8 对应表 2，表 9 对应表 3，可以发现：经过同口径归类处理后，以相对基准年价格法计算得到的实际 GDP2 与以绝对基准年价格法计算得到的实际 GDP1 之间的差异度显著下降。例如，对于第三年，实际 GDP2/实际 GDP1=113.511/118.875≈0.955>0.893；对于第四年，实际 GDP2/ 实际 GDP1=142.117/155.75≈0.912>0.765。

表 8　以第一年为绝对基准年，经济体各产品产量、价格与实际 GDP

产品	D	E	实际 GDP1	GDP 指数
第一年	16 个 21/8 元	3 个 5 元	57 元	1
第二年	15 个 21/8 元	9 个 5 元	84.375 元	1.480
第三年	11 个 21/8 元	18 个 5 元	118.875 元	2.086
第四年	6 个 21/8 元	28 个 5 元	155.75 元	2.732

表 9　以前一年为相对基准年，经济体各产品产量、价格、前期实际 GDP 与实际 GDP

产品	D	E	前期实际 GDP	GDP 指数	实际 GDP2
第一年	16 个 21/8 元	3 个 5 元	57 元	1	57 元
第二年	15 个 21/8 元	9 个 5 元	84.375 元	1.480	84.375 元
第三年	11 个 62/15 元	18 个 58/9 元	161.467 元	161.467/120 × 1.480 ≈1.991	113.511 元
第四年	6 个 61/11 元	28 个 71/9 元	254.162 元	254.162/203 × 1.991 ≈2.493	142.117 元

但与此同时，经过同口径归类处理后，虽然实际GDP2和实际GDP1之间变得接近了，但是二者同时显著降低了。例如，对于第三年，实际GDP2=113.511元<149.2元（表3中数值），实际GDP1=118.875元<167元（表2中数值）；对于第四年，实际GDP2=142.117元<204.3元，实际GDP1=155.75元<267元。这是因为，经过同口径归类处理后，原本不应该视为通货膨胀的新产品的高价格（体现创新带来的高价值）也被视为纯粹的通货膨胀现象，以这种过高估计的通胀因子为依据计算实际GDP就会造成低估的统计现象。另外，同口径归类的统计处理也使得本已在产业升级中被淘汰的产品的低价格对基期的价格计算造成影响，通过拉低基期价格的方式同样造成对通胀因子的高估。

综合而言，采用两种不同算法得到的中国实际GDP数据序列的高度一致显示了同口径归类方法在统计过程中的运用，而这导致对通货膨胀因子的高估，对先进产业经济价值的低估，从而致使中国的实际GDP被低估。这类低估发生在新中国成立以来的整个时段。但由于改革开放以前的技术进步和产业升级对应的是从传统农业国向现代工业国转变的历史性跨越，是从0到

1 的过程，这导致相对意义上的技术进步和产业升级的速度快于改革开放后（发展经济学界也将这段历史时期的国家战略概括为赶超战略），因此，改革开放以前的实际 GDP 增长被低估得更严重。

二、GDP 的货币性：测算货币深化进程中经济增长的信息遗漏

（一）GDP 增长与国内生产总值增长的差异

在 SNA 核算体系中，GDP 统计量被称为“国内生产总值”，然而，事实上，这一统计量所描述的只是“国内生产总值”的一部分，是在货币交易的过程中被统计出来的“国内生产总值”。因此，“国内生产总值”包括货币交易部分（GDP）和非货币交易部分，以 GDP 代表“国内生产总值”则存在信息遗漏偏差。从经济增长的角度去理解这种产值分解，真实的经济增长的绝对值便大于货币化部分的 GDP 增长的绝对值，而增速的对比将在下文中被讨论。当然，由于上文已经讨论了名义 GDP 和实际 GDP 的区分及问题，下文所称

GDP 皆指实际意义上的 GDP。

无论按现价，还是某种不变价，GDP 的计算都离不开价格变量。然而，如果存在一个掌握完整信息的中央计划者，就可以推行完全的计划经济体制，货币价格对于这样的完全计划经济体而言是多余的。因此，在完全的计划经济中，GDP 不能被统计出来，或者说 GDP 始终为 0。然而，这一经济体又是可以进行扩大再生产的，从消费者所拥有的物质财富和享受的服务而言，国内生产总值是增长的，但 GDP 及其增长率为 0。

反过来，我们设想一个进行简单再生产的封闭经济体。因为简单再生产的性质，该经济体的年度国内生产总值始终不变，即国内生产总值增长为 0。然而，当该经济体的生产组织方式从完全遵照指令的计划经济体制逐渐过渡到以货币价格为信号的市场经济体制，并且生产效率尚未发生显著变化时，GDP 却实现了大幅增长。显然，这种统计层面的增长对于国民而言，没有任何福利增进的意义。

在上述两种极端的假想情形中，GDP 增长与国内生产总值增长的差异以极端的方式呈现出来。中国经济所经历的现实情形介于两种极端情形之间，即在经济增长的同时，完成了从不完全的计划经济向货币化的市场经济过渡的过程。对这一过程的认知有助于我们正确地利用经济统计量，客观地分析中国经济的增长。但在对中国的情况进行分析前，我们先引入一个一般性的理论——宏观最优货币深化理论。

（二）宏观最优货币深化理论

货币深化，是指货币在经济媒介中的比重上升的过程。货币深化是金融深化的重要方面。然而，研究者较少注意到货币深化的发生是伴随着城市化进程的，而城市化意味着熟人社会的解体。

在货币深化的初期，大都市经济对宏观经济和国民生活的影响力远小于现在，人口的流动性较低，熟人社会对经济生活的影响是全方位的。熟人经济圈中的信用是天然的，因此对货币信用的依赖度就较低，人们互相提供多种类的劳动服务，并在这一过程中增进彼此间的联系。同时，正因彼此信任，人们在互帮互助时往往不收取或仅收取少量的报酬，所以这种劳动的产出并没有成为被货币计量的商品，即低商品化，从而也不能被 GDP 统计量所涵盖。事实上，只有在人与人之间信任不足的场合，货币信用才能凸显其作用，部分地消除信任缺失所造成的合作障碍。

熟人经济的天然信用优势为其带来了较高的协同效应，然而，熟人经济最显著的不足是不能充分发挥生产的规模效应，带有小范围自给自足的特征。熟人圈内多种类别的互帮互助服务（如邻里之间互相帮工盖房子）使得每个成员都具备多种劳动技能，在促进人的全面发展的同时，也降低了专业化程度和劳动分工深度。因此，熟人经济可被视作一种扩大范围的自然经济，显然，也是一种低货币化的经济形态。

经济体的货币深化突破了熟人经济的地理空间限制，使得每个人都面临一个大市场所带来的机遇与挑战，与陌生人产生了更多的经济联系。因此，货币深化通过充分发挥规模效应，提升了劳动分工的程度，而专业化又进一步带来了生产效率的提升。这一过程被总结为“依靠货币进行分工要比依靠组织进行分工更有效率，价格信号所提供的信息要多于组织所掌握的信息”，这也是主流经济学中的基本假定。按照这种逻辑，货币化程度越深，生产效率越高，国民经济增长越快。然而，货币深化所带来的规模效应亦有其成本。货币的信用毕竟不能完全替代人与人之间的信任，货币深化在削弱熟人社会经济功能的同时，也使得熟人社会中那种人与人之间拥有较高信任度的社会习俗被淡化，而这种习俗又是道德调节的基础，当道德调节的效率下降时，新的交易成本就会产生。这便从相反的方向上印证了这样的观点：经济的超常规效率来自道德基础。

当代资本主义社会实行高度货币化的市场经济，资本力量的统治已经深入经济运行的毛细血管，按照流行的西方经济学理论，这种所谓“成熟的市场经济”的运转效率应该是最高的，这与西方经济运行中的高交易成本的实践情况恰好相反。当然，私有制也会带来高交易成本，但私有化与货币化的逻辑方向是一致的，私有化为所谓“非扭曲的货币价格”提供了条件。关于货币深化压缩道德调节空间的情况，马克思和恩格斯在《共产党宣言》中对其所处时代的资本主义经济社会的描述依然适用于当今的资本主义经济社会：

“资产阶级在它已经取得了统治的地方把一切封建的、宗法的和田园诗般的关系都破坏了。……它使人和人之间除了赤裸裸的利害关系，除了冷酷无情的‘现金交易’，就再也没有任何别的联系了。它把宗教虔诚、骑士热忱、小市民伤感这些情感的神圣发作，淹没在利己主义打算的冰水之中。它把人的尊严变成了交换价值……”“资产阶级抹去了一切向来受人尊崇和令人敬畏的职业的神圣光环。它把医生、律师、教士、诗人和学者变成了它出钱招雇的雇佣劳动者。”“资产阶级撕下了罩在家庭关系上的温情脉脉的面纱，把这种关系变成了纯粹的金钱关系。”[①]

综合而言，货币深化在提供规模经济收益的同时，也带来了协同效应下降的新成本。货币深化程度并非越高越好，过度的货币深化便会走向其反面，成为侵蚀经济增长的力量，这是主流的金融深化理论所忽视的。当我们考虑这两个相反方向的效应，便可从宏观上完成对“最优货币深化”概念的构建。

值得注意的是，金融深化理论的创始人麦金农从银行作为货币发行人的微观视角提出了“最优货币化”的概念，所谓“最优”便是指发行货币（银行的负债）的成本在边际上等于银行进行投资的收益。而因为不考虑协调效应下降的成本，货币深化所带来的规模经济效益应当使得银行的投资收益不断上升，“最优货币化”在

① 《马克思恩格斯选集》第1卷，人民出版社2012年版，第402—403页。

宏观上就指向“一切的货币化”。显然，本文所构建的“宏观最优货币深化度”要低于“微观最优货币深化度”，或者说“微观最优货币深化”已经是“过度”的货币深化了。

由于社会主义社会处于从资本主义社会向共产主义社会过渡的阶段，适度的货币深化是必要的，但货币最终会消亡于共产主义社会，在社会主义高级阶段的人类将会经历去货币化和经济增长同时发生的过程。

（三）对货币深化过程中 GDP 增长的分解与分析

依前文逻辑，在货币深化初期，货币深化的收益大于成本，可以提升效率，促进经济增长，因此统计出来的 GDP 指标理应是增长的。但是，GDP 的增长来自两个部分：一部分是已货币化成分的自身的增长，这是可纳入时间序列进行纵向比较的 GDP 增长；另一部分是未货币化成分的货币化，这是原先就存在但未被纳入 GDP 核算统计的部分。这便是对货币深化过程中 GDP 增长的分解。

我们已经假定了适度的货币化是必要的，是有利于促进生产力发展的，所以在货币深化的初期（货币化程度尚低于最优值），非货币化经济成分的增速会小于货币化经济成分的增速，那么我们就可以判定如下关系：

“在货币深化的初期，GDP 增速大于经济增速。”

我们也用一个数值算例来加深对这一关系的理解。我们假设在货币深化初期的某个基年，经济体中有 80% 的成分未货币化（且可被货币化），其增速为 6%，有 20% 的成分已货币化，其增速为 8%，未货币化成分的货币化率为 2%/ 年。

在第二年，未货币化经济成分的规模为 0.8×（1−0.02）×（1+0.06）≈0.831，货币化经济成分的规模为（0.2+0.8×0.02）×（1+0.08）≈0.233。则整体的经济增速为（0.831+0.233−1）×100%=6.4%，GDP 增速为（0.233/0.2−1）×100%=16.5%。显然，16.5%>8%>6.4%>6%。

与之类似，依据上文提出的宏观最优货币深化理论，在货币深化的后期（货币化程度超过最优值），GDP 增速小于经济增速。此时，货币经济的效率低于非货币经济；在资本主义经济进入衰退周期时，这也是一种常态。

如果我们沿着上述规则进行递推，还可演绎出 GDP 指标增速的“逐年下降，并趋近于 8%”的动态路径，但与此同时，实际的经济增速逐年平稳上升，并趋近于 8%。GDP 指标与实际经济运行发生严重脱离，方向恰好相反。如果货币深化在过程中加速进行，GDP 指标的增速可以保持上升或平稳，但随着非货币化经济成分不断减少，GDP 增速无可避免要下降。这说明：尽管对于已经高度货币化的市场经济国家而言，GDP 是比较合适的宏观经济指标，但对于一个处于从较低货币化的计划经济向较高货币化的市场经济过渡的经济体而言，GDP 指标增速的变化可能和真实经济增速的变化不一致。

（四）货币深化进程对解读中国 GDP 增长指标经济含义的影响

中国的货币深化进程始于改革开放，上文分析表明：如果假设中国经济未发生过度货币化的情况，那么对于改革开放以后的中国经济而言，GDP 增长的规模小于经济增长的规模，但 GDP 增速高于经济增速。这就意味着：以 GDP 指标来测算改革开放以后的中国经济增长，存在绝对意义上的“低估”和相对意义上的“高估”并存的情况。而货币深化进程对解读中国GDP增长指标经济含义更关键的影响，发生在对改革开放前后的经济成就进行对比时。

改革开放前，中国经济的低货币化在更大程度上使中国的GDP规模低于真实的国内生产总值规模，但低货币化实际上又发生在两个相续的环节上——“劳动成果（含产品和服务）的低商品化”和“商品的低货币化”（即商品价格低于价值）。前文在构建宏观最优货币深化理论时所重点阐述的实为生产的低商品化（假设商品化后，即达到充分的货币化），而商品的低货币化可能对于理解改革开放前的中国经济更为关键。

新中国成立之初，中国借鉴苏联模式建立了计划经济体制，但中国经济依然保留了一定比例的自由成分，如农民的自留地。因此，中国经济并非完全的计划经济，货币价格信号依然在生产和消费中发挥一定的调节作用，但由于这种价格并非市场价格（通常低于市场价格），依据这种计划体制主导的价格所计算的GDP便小于真实的国内新增产品和服务的价值，也就是说货币价格系统性地低于商品价值。而当价格低于价值时，消费者便会经历短缺经济的体验。而对于短缺的产品和服务的分配，组织的计划与调配权力就发挥了巨大作用，各种票证或批条往往就成为比货币更关键的交易媒介。可以说，货币和票证共同成为产品和服务的交易媒介，对应地，市场和组织共同调节着劳动分工。我们自然可以想到，如果票证可以被货币所定价，则商品的价值便可被货币价格和票证价格之和所显示。这正是双轨制时期所发生的事情，但在单轨制时期，由于平行的自由交易场所并不存在，票证难以被定价，我们只能定性地认识到 GDP 小于其对应的货币化部分的国内生产总值，也很难做定量分析。

对应前文算例，这意味着在改革开放前，即使货币化部分的真实经济增速也是 8%，但用 GDP 指标所统计出来的增速长期低于 8%。这使得改革开放前的 GDP 增速低于真实经济增速，也就意味着：以 GDP 指标来测算改革开放以前的中国经济增长，存在绝对意义上的“低估”和相对意义上的“低估”并存的情况。对比改革开放前后的情况的差异，我们便发现改革开放前后 GDP 增速的差异不能代表真实经济增速的差异。然而，由于种种研究认识上的疏忽，学者们常常以 GDP 规模代替国内生产总值规模，以 GDP 增速代替经济增速，继而以此为基础比较改革开放前后的经济发展成就。

但对于中国这样处于经济转轨期的发展中国家而言，GDP 并不是合适的进行时间序列上纵向比较的宏观经济指标，我们并不能直接依据 GDP 增速来对比改革开放前后的真实经济增速。如果我们要对改革开放前后的真实经济增速进行公允的比较，必须先完成对 GDP 增速的货币化和非货币化经济成分的来源分解，而这种分解所需的来源性数据是尚未被公布的。当然，即使有了这种数据，我们还需要分析这种非货币化成分的形成时期，这在理论上存在三种可能：新中国成立前、新中国成立后至改革开放以前和改革开放以后。由此可见，对改革开放前后真实经济增速的对比研究将涉及大规模的数据整理和分析工作，需要得到相关部门的支持。

GDP 指标更能适应市场化体制下的统计工作需要，对于了解经济增长具有重要参考价值。但长期以来，各界对于 GDP 指标赋予过高的价值判断意义，上至国际排名，下至官员“GDP 锦标赛”，都成了 GDP 指标的“不能承受之重”，并造成了一些经济发展的不良后果。

为此，近年来，中央已经淡化对 GDP 指标的强调，并引导人们认识到 GDP 增长并不等同于经济增长，更不等同于经济高质量发展。可以说，这在一定意义上也“解放”了 GDP 指标本身。

为进一步促成这种“解放”，使 GDP 回归原本的统计指标属性，本文分析了 GDP 指标在以往的运用过程中出现的两类统计性问题：一是用名义 GDP 计算实际 GDP 的方法性问题；二是经济的货币化程度对 GDP 指标造成的统计范围的制约性问题。前者造成计算所得的实际 GDP 指标反映信息失真，后者造成 GDP 指标遗漏信息。两类问题都会导致 GDP 指标低估了实际的经济增长。与此同时，本文论证了这种低估问题对于改革开放前的经济增长测算的影响更大。

（本文原载《毛泽东邓小平理论研究》2022 年第 1 期，收录进本书时标题、文字略有调整。）